ちくま新書

アイヌと縄文

——もうひとつの日本の歴史

瀬川拓郎
Segawa Takuro

1169

アイヌと縄文――もうひとつの日本の歴史【目次】

はじめに　007
漂海民の縄文習俗／なぜ弥生文化を拒否したか／山民とアイヌの関係／生き残る縄文伝統／ありえたかもしれない歴史／北海道独自の時代区分

第1章　アイヌの原郷――縄文時代　023
1　アイヌと縄文文化　024
立ちはだかる壁／停滞する社会か、豊かな社会か／圧倒される巨大な土木遺産／心の文明／海峡を越えるイノシシ／縄文イデオロギーという連帯／縄文時代の方言とコミュニケーション
2　アイヌと縄文人　040
ヒトゲノムからみた日本列島の人びと／「人種の孤島」としての縄文人とアイヌ
3　アイヌと縄文語　046
日本語の起源／なぜ日本列島周辺に孤立言語が集中するのか／現生人類の古層の言語／古代日本語のなかの縄文語／なぜ九州北部に縄文語が残ったのか／海民の縄文伝統／多様性の淘汰のなかで

第2章 流動化する世界——続縄文時代（弥生・古墳時代） 063

1 弥生文化の北上と揺れ動く社会 064
揺れ動く社会／北上する弥生文化／弥生文化の拒否／北海道で出土した卜骨／海民と続縄文文化／西日本から北海道へ／弥生の宝がまねいた階層化／クマ祭りの起源／変わっていく縄文イデオロギー

2 古墳社会との交流 082
東北北部への南下／北海道への撤退とアイヌ語地名／ウマとの遭遇／渡来系のウマ飼いと続縄文人

3 オホーツク人の侵入と王権の介入 092
オホーツク人の侵入／古墳社会との接触／王権の北海道遠征／なぜオホーツク人を討ったのか／毛皮をめぐる北方世界の混乱

第3章 商品化する世界——擦文時代（奈良・平安時代） 105

1 本州からの移民 106

商品化する世界／北海道へ移住する人びと／激変する文化／消えてしまった遺体／死者を守る呪術

2　交易民としての成長　117
拡大する社会／内陸の漁民／オオワシを追う人びと／陸の孤島の大集落／東北北部との関係

3　同化されるオホーツク人　133
同化の痕跡／オオワシとオホーツク人／生存戦略の転換／サハリンのオホーツク人に広がる動揺

第4章　グローバル化する世界――ニブタニ時代（鎌倉時代以降）　143

1　多様化するアイヌの世界　144
ニブタニ文化とは／首飾りにみるアイヌの国際関係／対立する和人・共存する和人／アイヌモシリ最深部の和人のモニュメント／多様化する暮らし／北東アジアへの進出

2　チャシをめぐる日本と大陸　159
砦としてのチャシ／聖域か、首長居館か／祖霊崇拝とチャシ／奇妙な建物／日本の祭祀施設との関係／中国王朝の土城を訪れたアイヌ

3　ミイラと儒教　172

サハリンアイヌのミイラ／孤立した習俗／それは縄文起源／中世までみられたモガリ／なぜウフイ（燃える）とよぶのか／豪華な棺の謎／浮かび上がる文化の環／厳格なアイヌの喪／アジアを覆うイデオロギー／儒教とアイヌ

第5章 アイヌの縄文思想 197

1 なぜ中立地帯なのか 198
物々交換の拒否／古代の境界をみる／中間的な人びと／中世アイヌと境界世界／中立地帯と疑似親族／贈与交換の変容

2 なぜ聖域で獣を解体するのか 213
聖域でおこなわれた解体／無縁化の装置／アイヌの縄文思想

おわりに 221
山頂をめざす人びと／私たちの知らない、別の世界／修験者と山岳信仰／水脈としての縄文

引用文献 230

はじめに

†漂海民の縄文習俗

みなさんは、私たちの祖先である縄文人や縄文文化に、どのようなイメージをもっているでしょうか。

おそらく、農耕文化である弥生文化にとりこまれ、現代にはその片鱗すらとどめない、失われた太古の文化といったイメージではないかとおもいます。縄文人が祖先であることは、知識としてはもちろん知っていても、そのことをリアルに実感した経験はほとんどないのではないでしょうか。

実は、考古学を研究し、縄文時代の遺跡や遺物に接する機会の多い私自身、縄文人を自分の祖先として身近に感じたことはほとんどなかったようにおもいます。人類学の本に耳垢の乾いているのが弥生系、湿っているのが縄文系と書いてあるのを読み、自分の耳垢が縄文系であることを知って、縄文人を急に身近に感じたのがせいぜいかもしれません。

しかし、太古の昔ではなく近代まで、それも弥生文化の本家本元であった西日本のなかに縄文文化の伝統を残してきた人びとがいたとすれば、みなさんの縄文文化にたいするイメージは大きく変わるのではないでしょうか。

その人びととは、長崎県、大分県、瀬戸内海の各地にいた、陸上に住居をもたず一生を船の上で送った漁業者たちです。

この西日本の漂海民は古代以降、広大な海のネットワークを組織し、朝鮮半島南部の多島海の海民や、中国の華南地方の海民をまきこみながら海賊としても活動してきました（浅川二〇〇三）。

そしてかれらのうち、長崎県の五島列島の漂海民のなかに、抜歯やイレズミという縄文時代にさかのぼる古層の習俗がみられたのです（羽原二〇〇二）。

この抜歯とイレズミは、縄文時代の日本列島で広くおこなわれていた習俗です。

抜歯が広くみられるようになるのは縄文時代中期で、通過儀礼として、あるいは婚姻の際におこなわれました。弥生時代に入ると急速に衰退し、西日本では古墳時代まで抜歯がみられるものの、これ以降確認できなくなります（春成二〇〇二）。

イレズミは、縄文時代には通過儀礼として男女ともおこなわれていました。ただし、弥生時代には邪霊を威嚇するため男だけがするものとなり、古墳時代には国家の支配に従わない者や動物をあつかう者、力士や兵士など非農耕民が施すものに変化し、その後衰退します（設楽二〇〇八a・b）。アイヌはこの縄文習俗をとどめていました。

漂海民がイレズミと抜歯を伝えていた——この驚くべき事実は、これまで大きく注目されることはありませんでした。しかし、かれらは古墳時代に衰退した古層の習俗をうけついでいたのであり、その淵源にさかのぼれば縄文的遺制を伝える人びとだったともいえるのです。

イレズミと抜歯は、漂海民が大陸や朝鮮半島の人びとと交流するなかで生じた習俗ではないのか、と疑問をもつ方がいらっしゃるかもしれません。しかし第1章「アイヌの原郷」でのべるように、九州西北部の漂海民は弥生時代まで縄文的な形質を、また奈良時代まで縄文語をふくむ特異な方言を伝えていたのです。

漂海民はまた、自分たちの捕った魚などが銭で買われることを好まず、陸上の知人に贈り物として与え、その返礼として祭事に招待をしてくれることをよしとし、そのような関係を「親戚」とよんでいました（木島一九九二）。このようなモノの売買にたいする忌避もまた、縄文伝統ということができるのです（第5章「アイヌの縄文思想」）。

そして本書の主人公であるアイヌこそ、このような日本列島の縄文文化、縄文語、縄文人のヒトとしての特徴を色濃くとどめてきた人びとにほかなりませんでした。

†なぜ弥生文化を拒否したか

では、アイヌはなぜ縄文文化の伝統をとどめていたのでしょうか。かれらは農耕民になりそこなった人びと、歴史にとりのこされた人びとだったのでしょうか。

日本列島が弥生文化に組みこまれていくなか、北海道の縄文人はこの弥生化をうけいれようとはしませんでした。その理由には諸説ありますが、寒冷な北海道では稲作や畑作がおこなえず、弥生文化は津軽海峡を越えられなかったというのが定説です。農耕民になりそこなった人びと、歴史にとりのこされた人びとというアイヌのイメージがあるとすれば、それはこのような見解に由来するのかもしれません。

しかし、現在の考古学はこの説に否定的です。本州北端の青森県でも弥生文化の水田が発見されています。北海道でも南部であれば水稲耕作は可能だったとおもわれます。

弥生時代の本州各地では、強い権威をもつ首長が登場しました。『日本書紀』をみると、本州中央の王族たちは北海道のヒグマの毛皮を珍重しており、その後も北海道の獣皮は高価な商品となっていました。おそらく弥生時代の首長たちも、北海道のヒグマや海獣の毛皮をみずからの威信を示すものとして強くもとめていたのではないでしょうか(第2章

「流動化する世界」)。

世界的にみれば、毛皮は権力者や富裕階級にとって必須のステータス・シンボルでした。毛皮は「現代の私たちの想像もおよばぬような大きな価値と重要性をもち、ある意味では人間の歴史そのものを動かしてきた」(西村二〇〇三)ものなのです。アイヌの歴史を大きく動かしてきたのも毛皮であるといって過言ではありません。

馬で市場に向かうアイヌの家族
1895年頃。北海道大学附属図書館提供。

弥生社会における強い権威をもつ首長の登場が、このような毛皮の需要とむすびついていたとすれば、多くの毛皮獣が生息する北海道の亜寒帯の生態系は、それまでとはまったくちがった意味をもつことになったはずです。

北海道の縄文人は、弥生化をうけいれて農民となる道ではなく、縄文伝統のうえに立って交易のための狩猟に特化していく道を選択した、と私は考えています。

この狩猟や漁撈への特化によって、その後の北海道では本州とは大きく異なる文化が展開することになりました。アイヌが縄文伝統をとどめていた理由はそこにあります。ただし、弥生化をうけいれなかったそもそもの理由が本州との関係にあったように、北海道の縄文人の末裔の生存戦略には本州との関係が最初から深く組みこまれていました。

日本文化の影響は、その後もつねにおよぶことになったのです。

†山民とアイヌの関係

一例をあげれば、アイヌの精神文化の核である祭儀の成り立ちには、古代日本の祭祀、とくに山の神の信仰が強くかかわっていたのではないか、と私は考えています。

アイヌ語のなかに日本語からの借用語は多くありません。しかし、例外的に神の観念や祭具、神饌《しんせん》などの言葉は多くが古代日本語です。さらにその祭具は、本州の山の神信仰の農耕儀礼の祭具と共通性をみせています（瀬川二〇一五）。

この山の神信仰は本州各地に広く認められます。ただし、きわめて多様なありかたをみせることから、実態がよく把握できないまま現在にいたったとされています。山を中心とした一種の祖霊信仰であり、もともとは狩猟や焼畑など水稲耕作以外の生業にかかわる人びとの古層の民間信仰と考えられています。

アイヌは単純な狩猟採集民と考えられがちですが、そうではありません。七世紀後葉には本州から北海道へ渡ってきた人びとを通じてアワやキビなどの雑穀栽培が伝わり、一〇世紀以降は各地で活発に農耕をおこなっていました。

アイヌのなかに雑穀栽培が普及するにあたっては、たんに農業技術だけでなく、豊作を祈り占う文化が一体で伝わったと考えなければなりません。つまり山の神信仰の農耕儀礼は、「雑穀栽培文化複合」としてアイヌに受容されたものだったとおもわれるのです。

考古学では、この雑穀栽培が縄文時代からおこなわれていたとされてきました。そのため文化人類学や民俗学では、弥生時代になると縄文伝統の原始的な焼畑農耕をおこなう人びとは山間部に残存した、という説が唱えられてきました。

古代のアイヌに雑穀栽培と山の神信仰をもたらした人びとが、このような縄文伝統をとどめる本州山間部の焼畑民（山民）だったとすれば、それは実に魅力的なストーリーといえます。

しかし近年、従来の縄文農耕の評価にたいして疑問が示されています。

縄文文化の遺跡では雑穀栽培の確実な証拠はなく、クリやマメ類などいくつかの植物栽培が認められるにすぎません。さらに、それらも主要な食糧といえるものではありませんでした。

そこで考古学者の安藤広道は、アワ・キビという雑穀の畑作技術は弥生時代になって水稲耕作とともに朝鮮半島からもたらされたものであり、その後、水田不適地である山間部に人びとが進出するなかで、雑穀の栽培に専従する人びとがあらわれたとのべています。つまり畑作文化と稲作文化は、弥生時代以降に生じていった地域適応の差でしかなく、起源の異なる別種の文化とすることはできないというのです（安藤二〇一四）。

近年の考古学の成果は、民俗学や文化人類学で唱えられてきた「山民＝縄文伝統」「平地民＝弥生伝統」という説にたいして、状況がそれほど単純ではないことを示しています。

†生き残る縄文伝統

ただし、注意しなければならないのは、山民の畑作文化が縄文伝統ではなかったとしても、かれらのなかになんらかの縄文伝統がうけつがれていた可能性は否定できないのではないか、ということです。

縄文文化と弥生文化は大きく異なる文化です。弥生文化にみられる大陸との濃密な交流、金属器の使用、社会の階層化、集団間の戦争といったものは、縄文文化にはほとんど認められない、あるいはまったく認められない特徴です。さらに、大陸から渡来した人びとと縄文人が同化して成立した弥生人は、縄文人と形質的な特徴も異なっています。両者は言語も異なっていたとおもわれます。

そのため私たちは、日本の文化はもっぱら弥生文化に根差していると考え、縄文文化からうけついできた伝統にたいしてはほとんど無自覚なのかもしれません。

しかし、弥生文化のなかには縄文伝統もうけつがれていました。

弥生文化では多くの石器や、銛先《もりさき》や釣針などの骨角器が用いられていました。これらは基本的に縄文文化のものをうけついでいます。縄文時代の呪術具であった石棒《せきぼう》や土偶は、弥生文化の本場であった西日本でも弥生時代前期まで、東日本では中期まで用いられます(藤尾二〇一四)。

民俗学者の柳田國男は、山間部でおもに畑作に従事する山民が成立する以前、農耕文化をもった人びとに追われ、山中に逃れた狩猟採集の「異人種」である先住民がいたのではないかと考えました。そしてこのような人びとを山民と区別して「山人」とよびました。

この山人の問題とかかわって興味深い事実があります。全国の弥生時代遺跡の人骨を分析した形質人類学者によって、本州各地で縄文系と弥生系の形質をもつ人びとが分布地をたがえ、あるいは同じ遺跡のなかで、まだら状に分布していたと指摘されているのです(松村二〇〇三)。

柳田が考えたように、山人が近代まで生き残っていたとはいえないにせよ、少なくとも弥生時代ころまでは、山人的な人びとがまだら状に分布する状況が各地でみられたのです。

このような縄文伝統は、本州では弥生時代の後半から古墳時代にかけて次第にみられなくなってしまいます。しかし、そこで縄文伝統が断ち切られ、すべてが無になったわけではないはずです。

†ありえたかもしれない歴史

海民や山民がいた海浜や山間部は、水稲耕作民からみれば不毛な土地でしかありませんでした。そこには獣や魚の殺生を日常とし、自然を大きく変えずに農耕をおこない、境界を越境して略奪行為を働き、秩序を攪乱してきた人びとが暮らしてきました。

とすれば、かれらは水稲耕作民と変わらないようにみえて、実は異なる心性をもつ人びとだったのではないでしょうか。そしてその異なる心性のなかに、縄文の心性がうけつがれてきた可能性はないのでしょうか。

それを具体的に明らかにする術は、残念ながらもはや残されていないようにおもわれます。

しかし、本州から日本列島全体に目を転じればどうでしょうか。弥生文化をうけいれなかったアイヌこそ、平地人となることを拒否し、北海道という山中にとどまった山人ということができるのです。私たちはアイヌを知ることで、弥生文化に変容する以前の祖先の心意をうかがい知ることができるかもしれません。

同じ縄文人を祖先にもつからといって、二〇〇〇年以上も異なる歴史をあゆんだアイヌと私たちを同一視することはできません。しかし、弥生文化を選択した縄文人の末裔つまり私たちにとって、アイヌの歴史はありえたかもしれない、もうひとつの歴史といえるのではないでしょうか。

本書では、縄文人の末裔であるアイヌの歴史をたどりながら、かれらが最後まで守ってきた縄文思想、つまり私たちの原郷の思想とは何だったのか、考えてみたいとおもいます。

†北海道独自の時代区分

本書をお読みいただく前に、アイヌの歴史のアウトライン（時代区分）を簡単にご紹介します。それぞれの文化の特徴や出来事については、各章のなかでもくわしく説明していきます。

【アイヌ】 近世には北海道を中心にサハリン南部、千島列島などに暮らしていた独自の文化と言語をもつ人びとです。アイヌ語は周辺言語のなかに親戚関係が認められない孤立言語です。オホーツク人や本土人との混血もありましたが、形質的・遺伝子的に縄文人の特徴を色濃くうけついでいます。現在、北海道に暮らすアイヌの人口は二万四〇〇〇人ほどです。

【旧石器文化】六万年ほど前、出《しゅっ》アフリカを遂げた現生人類は、長い道のりを経て約三万五〇〇〇年前に氷河期の日本列島へやってきました。大型の獣を追って移動しながら暮らしていた、土器使用以前の文化を旧石器文化といいます。旧石器人は縄文人の直接の祖先と考えられますが、人骨がみつかっていないためヒトとしての実態は明らかになっていません。

【縄文文化】一万五〇〇〇年ほど前、気候が温暖化して植生や動物相が大きく変わると、旧石器文化は縄文文化に移行しました。木の実など植物性の食糧を利用するようになり、その加工具や、これを煮炊きする土器が発達し、定住性が高まります。南千島をふくみ、先島諸島《さきしま》をのぞく、日本列島の全域で展開しました〈第1章〉。

【続縄文文化】三〇〇〇年ほど前、九州北部で水稲耕作をおこなう弥生文化が成立し、東北北部でも二五〇〇年ほど前には水稲耕作がおこなわれるようになりました。しかし、北海道では水稲耕作がうけいれられず、本州とは異なる道をあゆむようになります。本州の弥生・古墳文化に並行する時期の北海道の文化を「続《ぞく》縄文文化」とよんでいます。「続縄文」とよぶのは、縄文土器の伝統がうけつがれていたことによるものです。続縄文文化では本州から鉄製品が伝わり、石器は次第に使われなくなっていきます〈第2章〉。

【オホーツク文化】続縄文文化の後半（古墳時代）になると、サハリンから南下してきた人びとが北海道北端からオホーツク海沿岸に進出します。かれらは一三世紀頃まで北海道に

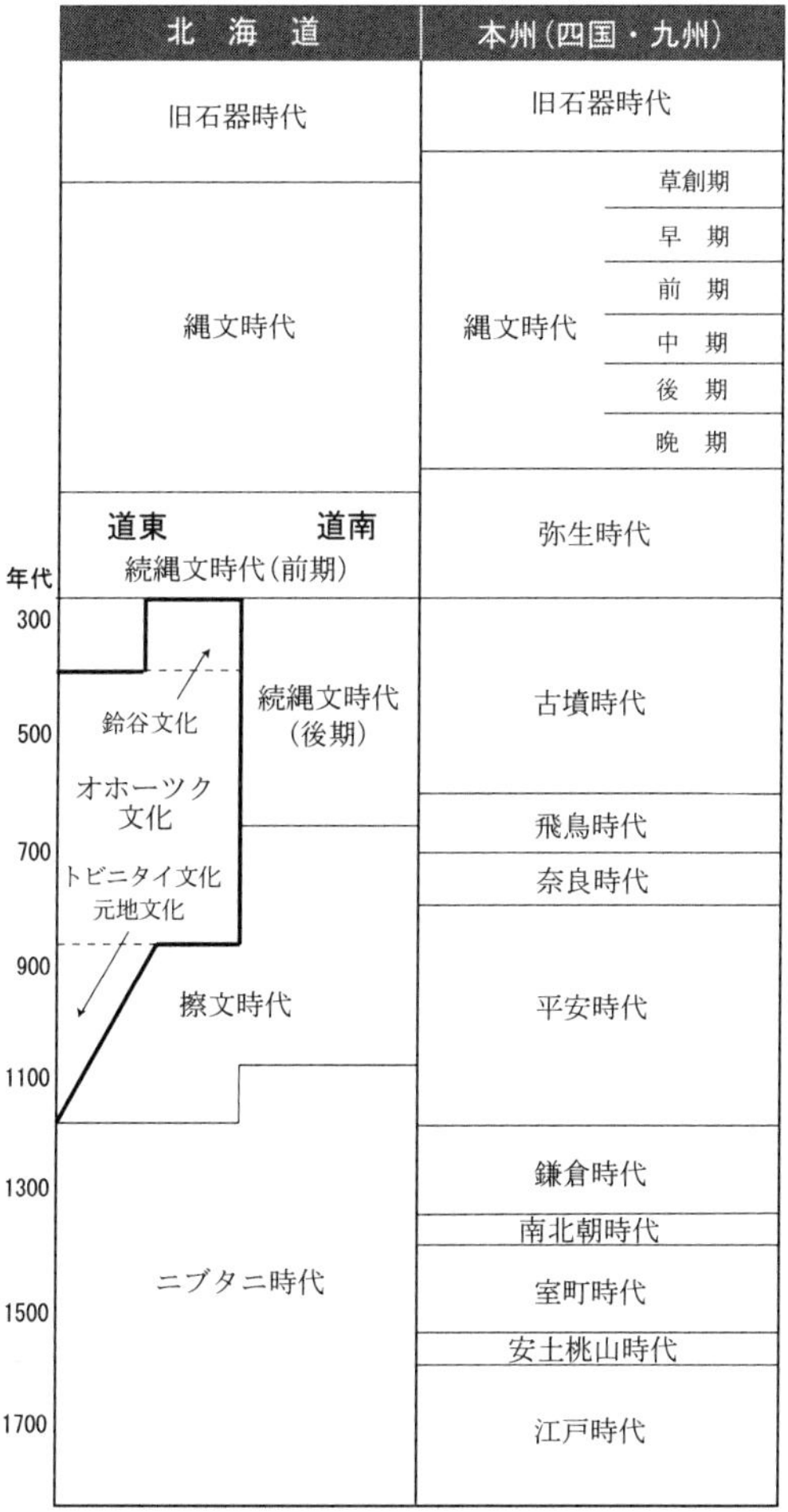

北海道の考古学年表

とどまりましたが、最終的に擦文《さつもん》人に同化されました。この人びとの文化を「オホーツク文化」とよんでいます。海獣狩猟や漁撈に特化した海洋適応の生業をもち、続縄文人とは大きく異なる文化をもつ異民族的な人びとです。現在サハリン北部などに暮らす先住民ニヴフは、かれらの末裔とされています〈第2章〉〈第3章〉。

【擦文文化】奈良・平安時代に並行する時期のアイヌの文化です。北海道では七世紀後葉になると本州の農耕民の文化が強くおよび、「擦文文化」に移行します。住居は穀物調理用のカマドをもつ竪穴《たてあな》住居、土器は本州の土師器《はじき》を模したものになります。「擦文」は、土器表面を板でなでつけた痕跡に由来する名称です。石器が本州の鉄器に完全におきかわるなど交易が活発になり、農耕も各地でおこなわれるようになりました〈第3章〉。

【ニブタニ文化】本州の鎌倉時代以降に並行するアイヌの文化です。一三世紀になると、北海道にはふたたび本州の影響が強くおよびます。住居は本州と同じ平地式になり、本州から鉄鍋と漆器椀が流通して土器は使用されなくなります。これと同時に北東アジアとの交流も活発になります。これ以降の考古学的な文化を「ニブタニ文化」（またはアイヌ文化）とよびます。一五世紀以降、道南の渡島《おしま》半島に渡ってきた和人は、それぞれ館《たて》とよばれる拠点を設けてアイヌと交易をおこないます。この和人同士、さらに和人とアイヌのあいだでは、交易の利権をめぐって長く戦乱が続きます。この戦いに勝利した蠣崎《かきざき》氏は徳川家康

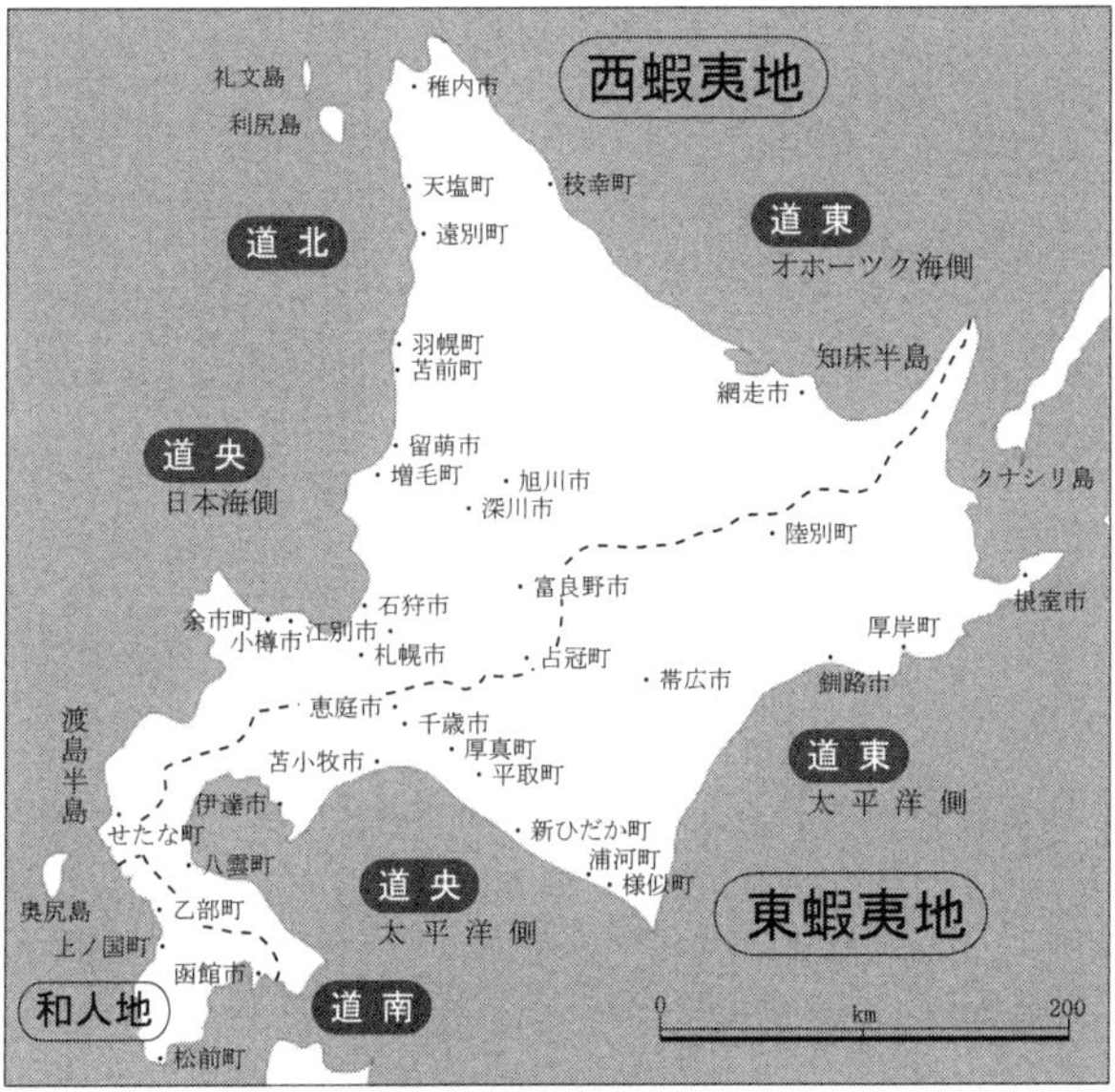

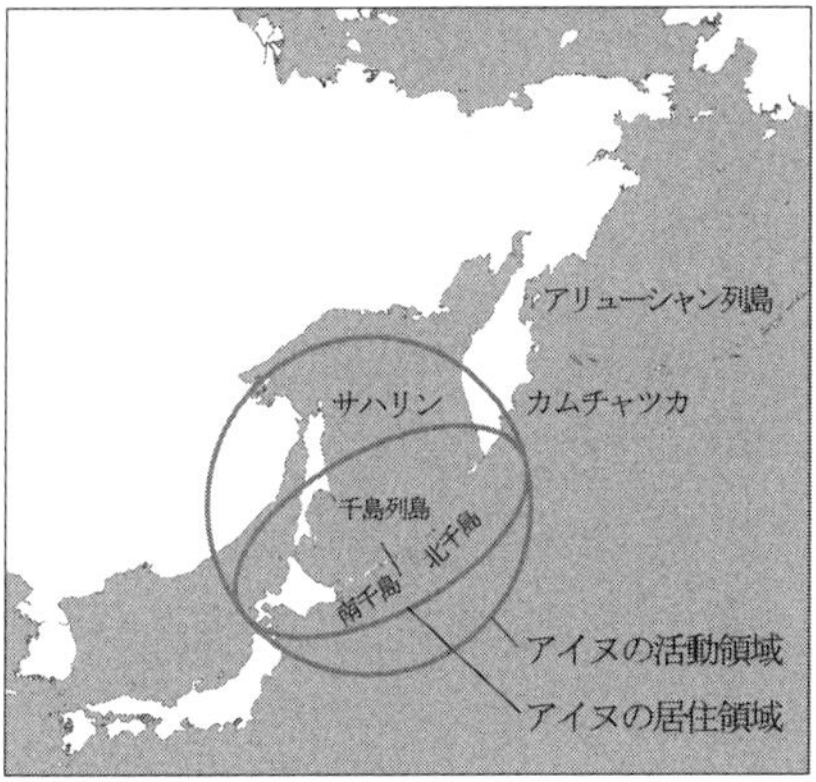

本書に登場するおもな地名

に所領を安堵《あんど》され、アイヌ交易を独占する松前藩が成立しました。その後の明治政府による北海道の内国化にいたる歴史については、多くの概説書が刊行されていますので、関心のある方はご参照ください〈第4章〉。

第1章

アイヌの原郷

――縄文時代

1 アイヌと縄文文化

†立ちはだかる壁

私が勤務する北海道の旭川市博物館では、アイヌの歴史や文化に重点を置いてご紹介しています。その展示をごらんになった方からしばしばいただく質問は、アイヌと縄文人の関係です。

博物館ではアイヌ資料の展示をみるだけでなく、アイヌ語の語りを聞くこともできます。日本的な「わび・さび」とは対極の感性に彩られたモノ。まったく理解できない言葉。濃密な野生との交流。見学者は、一衣帯水の津軽海峡の「向こう側」に、私たち本土人（和人）とは異なる文化・感性・言語をもつ人びとが生きてきたことに驚き、大きく立ちはだかる文化の壁を体感します。

そこでわきあがってくるのが、次のような疑問なのではないでしょうか。

「私たちと同じ日本列島の縄文人を祖先にもちながら、アイヌの文化や言語は、なぜこれほどまでに異なっているのか。私たちは、みずからの祖先である縄文人にアイヌを重ねてよいのか。アイヌは縄文文化のなにを、どのようにうけついできたのか」

しかし、アイヌと縄文文化の関係が考古学で議論されたことはほとんどありません。縄文人とアイヌのあいだには、形質や遺伝子の面で共通性があるという自然科学の成果を説明し、その場をとりつくろってきた自分のことを考えると、苦いおもいがつのります。

本章では、このような疑問にこたえるため、アイヌと縄文文化、縄文人、縄文語の関係についてご一緒に考えてみたいとおもいます。

†停滞する社会か、豊かな社会か

現在より六〜八度も気温が低かった約三万五〇〇〇年前、大陸、サハリン、北海道が地続きだった日本列島に旧石器文化をもつ人類が住みつきました。一万五〇〇〇年ほど前に気候が温暖化し、地球規模で動物や植物の生態系が変化するなか、これに適応して変化を遂げた文化を縄文文化とよんでいます。

この気候の温暖化に対応し、世界各地で農耕がはじまりましたが、日本列島では木の実など野生植物の利用を発達させていきました。その後、三〇〇〇〜二五〇〇年前まで北海道（クナシリ島・エトロフ島など南千島をふくむ）、本州、四国、九州、琉球列島（先島をのぞく）で展開したのが縄文文化です。

この縄文文化について、読者のみなさんはマジカルな土偶や石棒、おどろおどろしい過剰な装飾をもつ土器といったものをイメージするのではないでしょうか。一方、弥生文化といえば、歴史の教科書でみた端正なフォルムの土器や、田植えに汗を流す人びとの情景が浮かんでくるにちがいありません。縄文文化のイメージは「未開」、弥生文化のイメージは「文明」といった価値観に彩られているようにおもわれます。

実は、考古学研究者の縄文文化にたいするイメージも、数十年前まではこれと大きく変わりませんでした。そのため縄文時代の社会は、自然の猛威にうちひしがれ、呪術に支配されていた蒙昧な社会、祭りや土器の装飾などに時間を費やし、生産力の拡大に向かわない停滞した社会と考えられてきました。

そして、この狩猟採集という「収奪経済」の限界やいきづまりを打破し、救済したのが、水稲耕作を基盤にもつ「生産経済」の弥生文化だったと評価されてきたのです。

日本の考古学に根強い影響力をもっていた、このような発展段階論や生産力史観にもとづく縄文時代論は、この数十年のあいだ批判にさらされてきました。

発掘調査が進展した現在では、高い定住性にもとづく大集落の存在や、その定住性を担保した落とし穴猟やヤナ漁など高度な狩猟漁撈の技術、大量の木の実のアク抜きをおこなった水さらし施設といった、縄文文化の複雑な生業の実態が明らかになっています。その結果、縄文社会は「豊かな社会」というイメージが定着したといってよいでしょう。

この評価の転換は、地球規模の環境破壊が深刻な社会問題化してきたことと深くかかわっています。一万年以上も続いた縄文社会を停滞と論じる以外、どう評価してよいかわからなかった縄文文化の研究者は、「自然との共生」「持続性」というポジティヴなキーワードを手に入れたのです。

とはいえ「豊かな社会」論は、あまのじゃくな見方をすれば、縄文文化の停滞やいきづまりを否定することによって、その「屈辱的」なイメージを先行する旧石器文化に押しつけてしまっただけ、といえなくもありません。

「豊かな社会」論は、従来の生産力史観と同じ土俵に立つ議論です。たしかにそれは縄文人が飢えの恐怖におびえる「かよわい」存在ではなく、したがって弥生文化による救済という議論が成立しそうもないことを示した点で大きな意味がありました。しかし、そもそも縄文文化を生産力の視点から評価すること自体、はたして妥当なのでしょうか。

縄文社会を「豊かな社会」と評価することが、縄文文化という時代の特性をとらえた議論といえるのか、疑問におもわないでもありません。

†圧倒される巨大な土木遺産

近年、これまでの縄文文化のイメージを覆す巨大な土木遺産が次々発見されています。

北海道の例をみてみましょう。

苫小牧《とまこまい》市の静川《しずかわ》遺跡（縄文時代中期末～後期初頭）は、台地の上を環壕《かんごう》で区画した巨大な聖域・祭場です。環壕の幅は三メートル、区画の長さは一四〇メートル、面積は一五〇〇平方メートルにもなります。

壕のなかには二軒の建物がみつかっていますが、通常の住居ならあるはずの炉がなく、そのため祭祀施設と考えられています。この聖域・祭場を利用していたのは、となりの台地でみつかった集落の住人だったようです。このような壕で区画した巨大な聖域・祭場は、ほかにも千歳市の丸子山《まるこやま》遺跡（縄文時代中期後半）などで確認されています。

函館市の垣ノ島《かきのしま》遺跡（縄文時代中期末～後期初頭）は、祭場や墓地をふくむ集落をコの字形の盛土で囲った遺跡です。盛土の高さは二メートル、長さは一六〇メートル、全体の幅は一二〇メートルにもなります。盛土遺構《もりど》とよばれるこのような遺跡は本州各地でもみつかっています。

千歳市のキウス周堤墓群《しゅうていぼ》（縄文時代後期後半）は、円形の竪穴を掘ってそのなかに墓を設け、全体を土塁で囲った共同墓地（周堤墓）が群集しています。土塁の直径は最大のもので七五メートル、深さは五メートル以上です。

これらの巨大遺跡は保存されており、見学が可能です。北海道に来る機会があれば、ぜひ訪ねていただきたいとおもいます。その巨大さに感動を覚え、縄文文化や狩猟採集民に

縄文時代の巨大土木遺産

たいするみなさんのイメージは大きく変わるにちがいありませんが、ここで注目したいのは、縄文社会の「豊かさ」がこのような巨大な土木遺産の実現に向けられていたという事実なのです。

キウス周堤墓群では、最大の周堤墓の土塁の土量は三四〇〇立方メートルにもなります。これは一〇トンダンプカーで六〇〇台分以上に相当します。五〇人の人間が工事に従事したとして二カ月以上、二〇人であれば六カ月以上かかる大工事です。

周堤墓は共同墓地であるといいましたが、それは首長の死を契機につくられたものであり、第2章「流動化する世界」でのべるように強い権威をもつ首長とむすびついていました（瀬川二〇〇七）。首長の死後に亡くなった人びとを、それまで使用していた周堤墓に葬ることはできません。新しい周堤墓の工事をのんびりと数年がかりでおこなっている余裕はなかったはずです。さらに北海道では雪に閉ざされる半年間、土木工事ができません。

おそらく数十人ほどの人びとがこの工事にほとんど専従、つまり食糧の調達にわずらわされることなく工事に従事していた可能性が高いとおもわれます。縄文社会は、そのような余剰の蓄積と「扶養」も可能な、高い生産力のポテンシャルをもつ社会だったのであり、その意味ではたしかに「豊かな社会」だったといえるのです。

†心の文明

では、縄文人はなぜこのような巨大な土木遺産を産みだしたのでしょうか。

これらの遺跡に共通するのは、聖域や祖霊を祀る場という、集団のための施設だったことです。首長の死を契機につくられた周堤墓は、縄文社会の階層化と深くかかわっていました。しかしそれは首長個人の墓ではなく、あくまでも共同墓地です。首長はこの共同墓地に組みこまれ、そこから浮上を許されない存在でした。

縄文文化研究者の小杉康《やすし》は、このような縄文文化の巨大な土木遺産が、「弥生文化以降に顕著になる、富の蓄積を背景とした権力や階級といった集団間・内の社会的な仕組みとは関係なく実現したところに、縄文文化の一つの特色を認めることができる」とのべています（小杉二〇一一）。

つまり縄文文化の巨大な土木遺産は、古墳時代の首長墓である巨大な前方後円墳などとちがって、集団が集団のために産みだした遺産であるという点で、縄文文化としての特色を示すものなのです。そしてこの遺産が、聖域や祖霊を祀る場という祈りや心にかかわるものであった点にこそ、本質的な意義を認めることができそうです。縄文文化は「心の文明」といえるものなのです。

現代の私たちからみれば、巨大な土木遺産はある意味で過剰なムダ遣いであり、富の浪費や蕩尽《とうじん》といえなくもありません。そしてこの蕩尽は、富が特定の個人やグループに集中することをさまたげ、権力や階級を生成させない平等のシステムだったということもできるのです。縄文社会の祈りや心は、平等という価値とも深くむすびついたものだったともわれます。

「心の文明」だからといって、縄文文化を讃美しようというつもりはありません。しかし日本列島の人類史の大半の時間を占めた、平等という価値とむすびついた「心の文明」が、もし人間の本性に根差したものであったとすれば、私たちがそのことに気づく意味、つまり私たちは本来富や権力や階級といった非対称なものを忌避し、心の連帯をもとめる存在なのだと気づく意味は、現代の社会を相対化するうえでけっして小さくないのではないでしょうか。

†海峡を越えるイノシシ

「心の文明」を共有していた日本列島の縄文人は、それぞれの地域のなかで閉鎖的な生活を送っていたわけではありません。

縄文時代には、石器の素材である天然ガラスの黒曜石や、石鏃《せきぞく》を柄《え》に固定する接着剤のアスファルトなど、みずからの生活圏で自給できない特殊な産物が広く流通していました。縄文時代には高度な漆《うるし》工芸が発達しましたが、青森県八戸《はちのへ》市是川中居《これかわなかい》遺跡（縄文時代晩期）の漆の赤色顔料は、北海道の日高や北見で産出した硫化水銀であることが明らかになっています（南二〇一五）。また、美しい緑色をみせる宝石のヒスイは、北海道から九州まで全国の遺跡で莫大な数が出土していますが、これらは新潟県の糸魚《いとい》川《がわ》や青海川《おうみがわ》の河口から富山県にかけての海岸線で採集されたものです。

この事実は、このような流通を支えるコミュニケーションが縄文社会のなかに存在したことを意味しています。

さらに抜歯がおこなわれた人骨や、呪術具である土偶、土面、石棒も、北海道から九州まで全国の遺跡で出土します。日本列島の縄文人は、異なる生態系を越えて共通の宗教や儀礼、つまり「縄文イデオロギー」を共有していたのです。

この縄文イデオロギーとかかわってとくに注目されるのは、一定期間飼育した子イノシシを殺す祭りです。

山梨県北杜《ほくと》市《し》の金生《きんせい》遺跡（縄文時代晩期）では、穴のなかから一三八個体ものイノシシの下顎骨がみつかっています。このうち一歳未満の幼獣が一一五個体を占め、その死亡推定時期は秋でした。秋に死亡した一歳未満の幼獣が多く出土する例は、各地の縄文時代の

赤色彩色土器
八雲町野田生1遺跡出土。縄文時代晩期。北海道埋蔵文化財センター提供。

遺跡で認められます。

そこで縄文文化研究者の新津健《にいつたけし》は、本州の縄文社会では春の出産期に入手した子イノシシを秋から初冬まで飼育し、これを殺して共食するとともに、イノシシの骨を焼く祭りがおこなわれていたと指摘しています（新津二〇一一）。

驚くべきことに、北海道の縄文文化後半期の遺跡でもイノシシの骨は多数みつかっています。なぜ驚くべきことかといえば、イノシシは動物相の分布境界であるブラキストン線（津軽海峡）を越えて北海道には本来生息していない動物なのです。

†縄文イデオロギーという連帯

イノシシの骨は、道央の遺跡を中心として道東の釧路市、道北の礼文島《れぶんとう》、内陸の富良野市など七〇カ所ほどの遺跡で出土しています。苫小牧市の柏原《かしわばら》5遺跡では四〇頭以上もの骨がみつかっています。

縄文時代にはブラキストン線を越え、北海道にもイノシシが生息していたのかといえば、そうではありません。DNAの分析によって、北海道の遺跡から出土するイノシシは東北北部からもちこまれたことがわかっています。

しかし、丸木舟に生きた成獣を乗せ、津軽海峡を渡るのは困難です。子イノシシをもちこみ、一定期間エサを与えて飼っていたとみられます。では、北海道の縄文人はイノシシを食べるために飼っていたのでしょうか。

大型の陸獣や海獣にめぐまれていた北海道の縄文人の食事は肉食主体でした。古人骨のコラーゲンを分析すると、亡くなる直前の一〇年間に食べていたものの傾向を知ることができますが、北海道の縄文人はオットセイやアザラシなど海生哺乳類に偏った食生態をもっていたことが明らかになっています（米田二〇一〇）。

さらに北海道の縄文人が肉食主体であったのは、かれらがマンモス、ナウマンゾウ、オオツノジカなどに依存していた旧石器時代人の伝統をうけついでいたからではないか、と考えられています（米田二〇一二）。

その北海道の縄文人がイノシシの肉を賞味するため、わざわざ危険をおかして本州からもちこみ、飼育までしていたとは考えられません。そうではなく、本州でおこなわれているイノシシの祭りを北海道でもおこなうため、わざわざ海を越えてイノシシを入手していたと考えたほうがよさそうです。

実際、北海道で出土するイノシシの骨は、本州のイノシシ祭りの骨と同様、強く焼かれています。さらに北海道の縄文人はイノシシの牙をアクセサリーにしていましたが、それはイノシシに霊的な力といった特別な意味を認めていたからにちがいありません。

本州の伊豆諸島と佐渡島もイノシシが本来生息していない島です。しかし、これらの島の縄文時代の遺跡からもイノシシの骨が出土します。

佐渡島のイノシシについては、遺伝子的に大陸からもちこまれた可能性が推定されており、その実態はよくわかりませんが、伊豆諸島のイノシシの骨は強く焼かれ、祭祀跡から出土しています（山崎二〇一〇）。伊豆諸島でも北海道と同じく飼育したイノシシの祭りがおこなわれていたのです。飼育したイノシシの祭りは、島嶼《とうしょ》をふくむ日本列島の全域で、生態系の差異を越えて共有されるべき縄文イデオロギーになっていたことがわかります。

縄文時代の日本列島の人びとは、縄文イデオロギーという観念の共有をもとめる人びとだったのであり、そのこともまた「心の文明」としての縄文文化の性格を物語るものなのです。

アイヌは、この縄文時代のイノシシ祭りをクマ祭り（イオマンテ）として変容しながらうけついでいたと私は考えていますが、それについては第2章「流動化する世界」でのべることにします。

†縄文時代の方言とコミュニケーション

日本列島の縄文人が、隅々まで同一の祭祀や呪術という精神文化を共有していた事実は、かれらのなかに濃密なコミュニケーションが成立していたことを示すものです。そのことはまた、かれらの言語が「縄文語」という共通言語であった可能性を示しています。この共通言語の存在について、縄文土器から考えてみることにしましょう。

亜寒帯から亜熱帯にまたがる日本列島の縄文文化には地域性が認められます。この地域性はおもに各地の土器のちがいから読みとることができます。たとえば北海道でも道東、道央、道南の縄文土器はたがいに明らかなちがいをみせています。しかしその一方、全国の縄文土器には共通性も認められます。

縄文時代は草創期・早期・前期・中期・後期・晩期に区分されていますが、日本列島中央の関東の縄文土器しか知らない考古学の研究者でも、北海道や九州の縄文土器をみて、その文様や形から、おおむねどの時期のものか推測することは可能であろうとおもいます。このことは、日本列島の縄文人が、時代ごとに変化していく土器のモデルを共有していたことを意味しています。

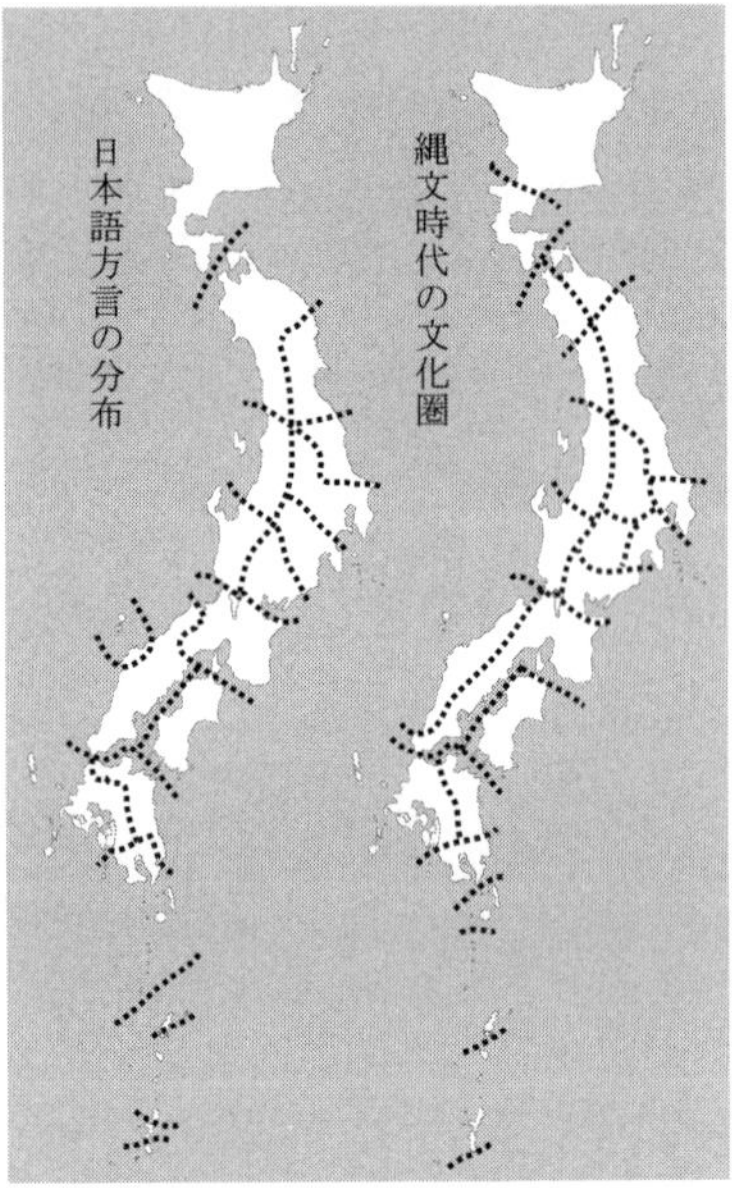

日本語方言の分布と縄文時代の文化圏
縄文時代の文化圏は小林（1996）から作図。

この縄文土器の複雑な文様は、たんなる装飾ではなく「意味」をもつものと考えられています。縄文文化研究者の小林達雄は、それを「物語」とよび、共通の文様は人びとのあいだに共通の物語、ひいては物語の背景をなすコスモロジーが共有されていたことを示している、とのべています（小林一九九六）。

日本列島の縄文人が共有した土器のモデルが「意味」や「物語」にほかならないとすれば、このような「意味」や「物語」の共有を支えたのも、日本列島を覆う濃密なコミュニケーションの連鎖だったということになります。

もし縄文社会のなかに異なる言語が分立していたとすれば、その言語境界には土器の不連続が認められるはずです。たとえば北海道では、四～一三世紀までオホーツク人がサハリンから北海道へ南下していました。かれらとアイヌの祖先は言語が異なっていたとおもわれますが、実際、両者の土器は混じりあわず、明瞭な境界をみせているのです。しかし縄文土器は、日本列島の北から南までグラデーション状に変化しながら地域性をみせており、異なる言語が壁として立ちはだかる状況は考えられそうもありません。

そこで注目したいのが、日本列島の方言分布図です。これを縄文土器の地域圏の図とみくらべると、両者がきわめてよく似ていることに気づくはずです。

では、なぜこのような一致がみられるのでしょうか。

方言の分布は、川、山、海といった地形に制約された交通のありかたと深くかかわっているとみられます。この分布と一致する縄文土器の地域圏のありかたも、同様に説明することができそうです。縄文土器の地域圏は、縄文時代の方言分布圏であると私は考えています。

方言だからといって、たがいの意思伝達が容易におこなえるわけではありません。鹿児島県の方から、一山越えた土地のお年寄りの言葉は聞きとれないことがある、と教えられたことがあります。とはいえ、隣接する地域の方言のちがいがコミュニケーションに立ちはだかる壁になるとはおもわれません。

縄文時代の日本列島を覆った濃密なコミュニケーションは、縄文語という共通言語のもとで、隣接する地域とのコミュニケーションの連鎖としておこなわれており、それはグラデーション状に連なる土器文化圏のありかたをよく説明するものと考えられるのです。

2 アイヌと縄文人

†ヒトゲノムからみた日本列島の人びと

「心の文明」に生きた縄文人は、周辺世界の人びととは大きく異なる形質や遺伝子的特徴をもつ人びとでした。縄文人の起源や、かれらとアイヌの関係についてみていくことにしましょう。

なお、約三万五〇〇〇年前に日本列島に住みついた旧石器人は、その骨がほとんどみつかっておらず、どのような特徴をもつ人びとだったのか明らかになっていません。ただし旧石器文化と縄文文化には連続性が認められるので、それぞれの文化を担っていた人びとは共通する特徴をもっていたと考えることができそうです。このことを前提として話を進めることにします。

現在の日本列島に暮らす人びとの成り立ちについては、骨の特徴（形質）の分析から、これまで大きく三つの説が唱えられてきました（斎藤二〇一五）。

ひとつは置換説です。弥生時代に大陸から渡来してきた人びとが私たちの直接の祖先であり、かれらは先住の縄文人と入れかわったとするものです。しかし、私たちには縄文人に特徴的な遺伝子もうけつがれていますので、この置換説は現在では認められていません。

二つ目は変形説です。弥生時代に大陸から人の渡来はなく、農耕技術だけが伝播してきたのであり、縄文人の形質が時代によって変化しつつ現代の私たちになったとするものです。しかし、朝鮮半島からの人間集団の渡来は考古学的にも裏づけられており、この説も現在ではうけいれられていません。

三つ目が混血説です。大陸からの渡来人と縄文人が混血して本土日本人が形成され、周縁の琉球と北海道には渡来人の影響の少ない人びとが残ったとするものです。これは形質人類学者の埴原和郎《はにはらかずろう》が一九八〇年代に提唱した二重構造モデルが有名です。近年のDNA研究ではこの混血説を裏づける結果が得られています。

日本人の成り立ちをめぐるDNAの研究は、これまでミトコンドリアという細胞質の小器官のなかにある小さなDNAや、Y染色体という性染色体のわずかなDNAを用いておこなわれてきました。ただし、前者でいえば約一万六五〇〇というごくかぎられた塩基数の遺伝情報（ゲノム）しかありません。

そこで二〇〇四年に、ヒトの核のなかにある染色体の遺伝情報を解読した論文が発表され、約三二億もの塩基数の遺伝情報が明らかになると、このヒトゲノムにもとづいて現代の日本列島の人びとのＤＮＡを分析した論文が発表されました（Jinam et al. 2012）。その結果は形質人類学の二重構造説を裏づけるものでした。

それによれば、本土人は弥生時代以降、大陸から渡来してきた東アジア人と縄文人が混血した人びとです。とくに朝鮮半島の人びとと近縁ですが、一方で縄文人に特徴的な遺伝的要素も色濃く認められます。琉球人はこの本土人よりも縄文的要素が高く、アイヌでは非常に高く認められます。その点でアイヌは縄文人にもっとも近い人びとです。

ただし、アイヌの遺伝子的特徴は縄文人そのままではなく、オホーツク人あるいはその末裔であるサハリン先住民のニヴフ、また本土人との混血もうかがえるといいます。

ところで、この論文の著者の一人である人類学者の斎藤成也《なるや》によれば、古代にエミシとよばれ、アイヌと関係が深かったと考えられてきた東北北部の人びとは、本土人のなかではやや偏った遺伝子的特徴をみせています。ただし、それはアイヌとの関係を示すものではありません。ＤＮＡ的にはむしろ本土人のなかの出雲地方の人びとと似ています。

斎藤は、東北方言と出雲方言の共通性にも注目しながら、両者の成り立ちは、弥生時代から古代にかけて日本列島に渡ってきた渡来人のなかでも、特定の時期に渡来してきた人びとが関係していたのではないかとしています（斎藤二〇一五）。

†「人種の孤島」としての縄文人とアイヌ

この本土人、琉球人、アイヌの遺伝的多様性の分布をみると、それらはほかの東アジア人や、ヨーロッパ人と混血した中央アジアの人びと（ウイグル人、ヤクート人）のまとまりとは反対の方向に分布しています。

現代の本土人、琉球人、アイヌは直線上にならび、この順でアジア人の人びとから離れていきます。直線の延長上には、かれらの共通祖先である縄文人が想定できます。つまり、本土人、琉球人、アイヌのＤＮＡを特異な方向に「引っ張って」いるのは縄文人であり、そのことは縄文人が現代のどの人類集団とも大きく異なる特徴をもっていたことを物語っているのです。

縄文人は、上下の歯が爪切りの刃のように嚙みあい、彫りが深く、鼻が高いという形質的な特徴をもっていました。これはアイヌにも共通します。そのアイヌは、形質人類学では長くコーカソイド（ヨーロッパ人）に分類されてきましたが、一九六〇年代に総合調査がおこなわれ、歯冠《しかん》の形などから本土人と同じモンゴロイド（アジア人）であると結論されました。

ただし先のアイヌの特徴は、一般的なモンゴロイドとは異なるものです。そのため、形質人類学者はこれに頭を悩ませ、現代モンゴロイド成立以前のモンゴロイド、すなわち原モンゴロイドという仮想的な集団を設定し、アイヌをこれに帰属させたのです（Watanabe et al. 1975）。

つまり、私たちが常識のようにみなしているアイヌ＝モンゴロイド説は、学界で完全にうけいれられているわけではありません。形質人類学者の百々《どど》幸雄《ゆきお》は、アイヌがどの人類集団とも異なる、現生人類という大海に浮かぶ「人種の孤島」であるとし、アイヌと縄文人は「出アフリカ」をはたした現生人類が、ヨーロッパ人とアジア人に分化する以前の状態を保っているのではないかとのべています（百々二〇〇七）。

このこととかかわって興味深いのは、形質人類学者の山口敏《びん》が、旧人のネアンデルタール人のあとに出現した、化石現生人類のクロマニヨン人と縄文人の類似を指摘し（山口一九八二）、鈴木尚《ひさし》も、縄文人がクロマニヨン人の特徴をそのままうけついでいるとのべていることとです（鈴木一九八三）。形質人類学では、縄文人の形態的特徴は、現生人類のなかの古層に属するとみなされてきたのです。

私が住んでいる内陸の旭川市のアイヌの人びとのなかには、ヨーロッパ人的と感じられる人びとが多くいます。はじめて会ったとき、だれもがヨーロッパ人と本土人のハーフにみえたほどです。なぜ東アジアの片隅にヨーロッパ人的とみえる人びとがいるのか。その私の疑問にたいして、百々らの説は強い説得力をもつものといえます。

今回、アイヌと縄文人の形質的な特異性が大規模な遺伝子分析によって確認されたことは、縄文人を現生人類の古層と位置づけ、「人種の孤島」とする百々らの説の蓋然性《がいぜんせい》を高めることになったのではないでしょうか。

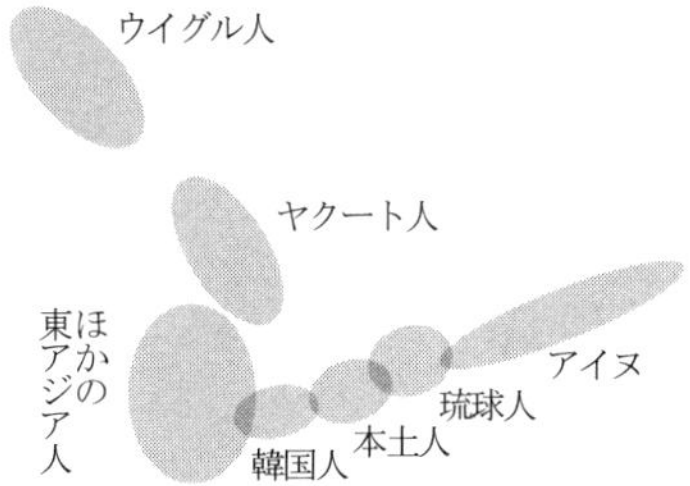

東ユーラシアの人類集団の遺伝的関係
斎藤（2015）原図を改変。

日本列島の縄文人は、北海道から沖縄まで形質的な共通性をみせています。かれらは地域性がはっきり認められず、均質な形態をもつ人びとでした（石田二〇〇二）。つまり縄文時代の日本列島には、アイヌにうかがわれるような「モンゴロイド離れ」した人びとが暮らしていたことになります。

一万年以上も続いた縄文時代には、日本列島をとりまく朝鮮半島、中国、台湾、サハリン、カムチャツカとの交流はほとんどありませんでした。そのため、縄文人のヒトとしての特異性はかなり純粋に保たれてきました。このことはハプログループの分析からも明らかになっています。

ハプログループとは、ミトコンドリアDNAの進化速度が高く、突然変異による多くの遺伝子の型が存在していることから、それらをいくつかのグループにまとめたもののことです。縄文人のハプログループをみると、わずか四種類にすぎず、現代本土人の二〇種類にくらべていちじるしく多様性を欠いています。この事実は、縄文人が長期にわたって周辺集団から孤立していたことを物語っているのです（篠田・安達二〇一〇）。

3 アイヌと縄文語

†日本語の起源

では、特異な形質的・遺伝子的特徴をもつ縄文人は、いったいどのような言語を話していたのでしょうか。残念ながら、縄文人の話していた言語を直接知ることはできません。そこで、まずは日本語の起源の問題からみていくことにしましょう。

日本語の起源については諸説あり、関係があるとされた言語も多数にのぼります。この言語の親戚関係を明らかにするため、従来おこなわれてきた方法は、文法・語順が類似するか、音韻対応（比較する言語の同じ意味をもつ単語のあいだに音の規則的な関係があること）が認められるか、という二つの点で比較をおこなうことです。これを比較言語学といいます。

日本語学者の木田章義《あきよし》は、日本語をめぐる比較言語学の説を次のように整理しています（木田二〇一五）。

これまで日本語との同系関係が論じられてきたおもな言語は、朝鮮語、アルタイ語（トルコ系・モンゴル系・ツングース系言語の総称）、モンゴル語（アルタイ系言語）、ツングース語（シベリア・満州・ロシア沿海州のツングース系民族の言語＝アルタイ系言語）、タミル語（南インドのドラヴィダ語族に属する言語）、南島語（インドネシア・メラネシア・ミクロネシア・ポリネシアで話されているオーストロネシア系言語）、チベット語（シナ・チベット系言語）、アイヌ語です。

このうち南島語とチベット語をのぞけば、いずれも文法や語順が日本語と似ており、とくに朝鮮語は偶然とはおもわれないほど文法が日本語に酷似しています。ただし、多少なりとも音韻対応が認められそうな言語は、タミル語とアイヌ語の二つしかありません。

音韻対応は、同系関係を決定づけるものとされる、とくに重要な手がかりです。タミル語と日本語をみると、音韻対応を否定できない語が二〇〇例ほどあります。

また、アイヌ語にも日本語と似た語が多くあります。たとえば古代日本語の「桜の皮」(kanipa)と、アイヌ語の「桜の皮」(karinpa)などがその例です。ただし、それらが日本語からの借用語か、アイヌ語からの借用語か、あるいは同源の語か、判断するのはむずかしいのが現状です。

このうちアイヌ語は、音韻対応の点で日本語との関係が無視できません。語順も日本語に似ています。両者は地理的にも近接していることから、日本語との関係をめぐってもとも注目すべき言語です。

ただしアイヌ語は、日本語と異なる抱合語《ほうごう》という特徴をもっています。抱合語というのは、文に相当するような内容を一語であらわすものです。たとえば「私は君に与える」に相当するアイヌ語は、「a-e-kore」(私-君-与える)という一語、「食器」は「a-e-ipe-p」(われわれ-それで-食事する-もの)という語になります。

アイヌ語と日本語は、それ以外にも文法形式のちがいがあり、両者を同系と認めることはむずかしく、仮に同系であったとしても、それはかなり古い時代のことだろうとされます。

比較言語学の方法、つまり文法・語順と音韻対応によって同系関係をたしかめる方法では、日本語と同系関係の言語は、あるともないともいえないようです。

しかし、このような伝統的な方法ではなく、まったく異なる言語学的な視点から、日本語とアイヌ語の関係や起源を考えようとする研究者もいます。

日本列島をふくむユーラシア大陸では、二五〇〇以上の言語が話されています。ただし、同系関係をたどっていくと、これらのほとんどは先ほどのアルタイ系言語、シナ・チベット系言語、インド・ヨーロッパ系言語のような一〇あまりの大きな「語族」にまとめられます。

そのなかで、同系関係がたどれず系統的に孤立した言語はわずか九つにすぎません。さらにその約半数が日本列島の周辺に集中しています。日本語、アイヌ語、朝鮮語、サハリン先住民のニヴフ語がそれです。

これ以外の孤立言語は、フランス・スペイン国境のピレネー山中のバスク語、西シベリアのケット語、インダス川上流カラコルム山脈のブルシャスキー語、インド中部のニハーリー語、東部ヒマラヤのクスンダ語です。いずれも人里から離れた、辺境地帯の言語である点が共通しています。

言語学者の松本克己《かつみ》は、このうち日本列島周辺に集中する孤立言語の日本語、アイヌ語、朝鮮語、ニヴフ語は、かなり古い時代につながっていた、と次のようにのべています（松本二〇一五）。

松本は、音韻対応や語順といった言語の表面的な類似ではなく、言語の構造的な特徴を八つの指標にまとめ、これによって世界中の言語を分類しました。その指標とは、rとlを区別するか、名詞の単数と複数が文法的に区別されているか、といったものです。

これによってユーラシア大陸の言語は、ユーラシア内陸言語圏と、太平洋沿岸言語圏の二つに大きく分けられます。さらに日本語、アイヌ語、朝鮮語、ニヴフ語は、太平洋沿岸言語圏の北方群としてひとつのグループ、ファミリーを構成します。この北方群はさらに人称代名詞のちがいを指標にすると、〈日本語・朝鮮語〉〈アイヌ語・ニヴフ語〉の二つのグループに分かれます。

松本は、このような独自に分類した世界中の言語について、その成り立ちをY染色体の分析によって描かれてきた人類の「出《しゅっ》アフリカ」後の移動の足跡と重ねあわせ、説明しています。それをくわしく紹介する余裕はありませんが、北方群の日本語、アイヌ語、朝鮮語、ニヴフ語は、旧石器時代にこれら地域に到達した人類の、「出アフリカ古層A型」とされる古いタイプの言語に由来するとしています。

この出アフリカ古層A型は、人称代名詞の特徴をもとに分類されたグループです。松本

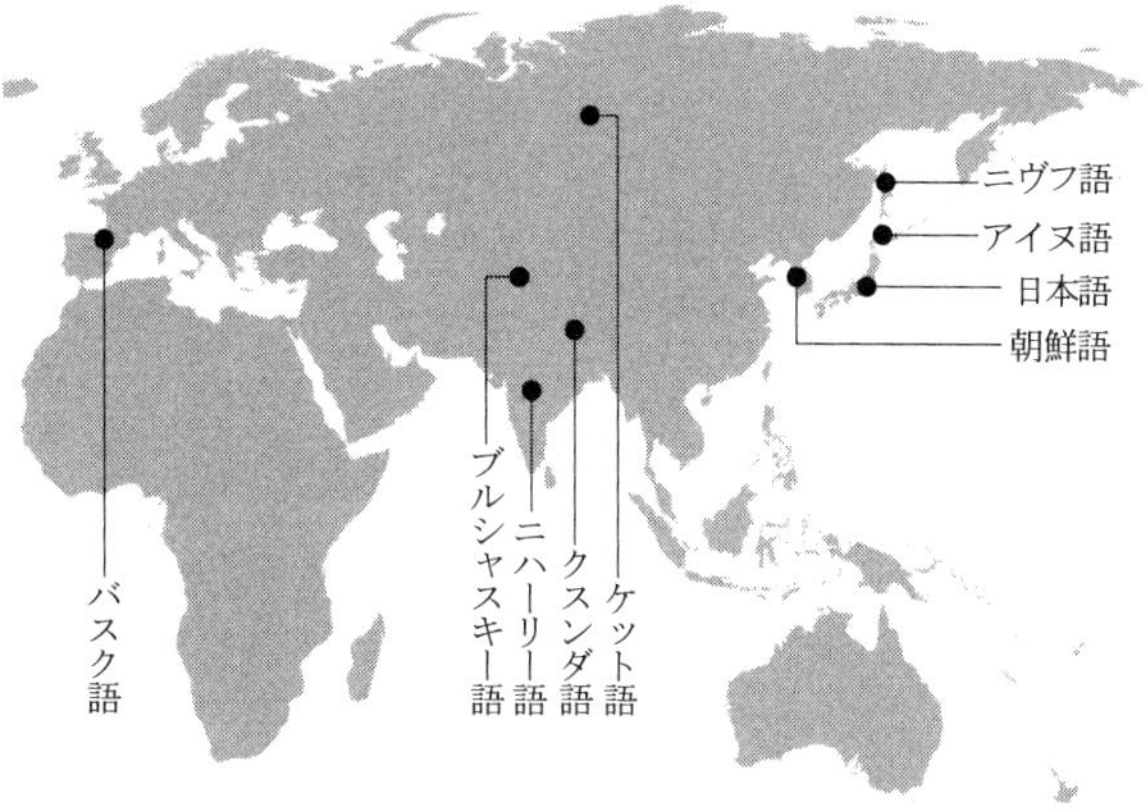

ユーラシア大陸の孤立言語
ユーラシア大陸の2,500以上の言語のなかで、系統不明の言語は９つにすぎない。松本（2015）をもとに作図。

によれば、日本列島周辺のほか、アフリカ奥地のニジェールやコンゴ、インド東部ベンガル湾のアンダマン諸島、パプアニューギニア、オーストラリア、アメリカ東部内陸地域の先住民の言語、さらに先に孤立言語としたバスク語とケット語がこれに該当します。世界の九つの孤立言語のうち、六つが出アフリカ古層A型とされます。

†現生人類の古層の言語

松本の説に立つならば、旧石器時代には日本列島だけでなくサハリンや朝鮮半島にも、出アフリカ古層A型という言語を話す、その後の縄文人的な形質や遺伝子をもつ人びとがいた、と考えることもできそうです。

残念ながら、これらの地域で確認された

旧石器時代の人骨はほとんどないため、その疑問を解き明かすことはできません。しかし、縄文人が現生人類の古層をとどめていた可能性について、形質人類学だけでなく言語の面からも指摘されたことは、たいへん大きい意味をもつものといえます。

いずれにせよ、松本の見解に従えば、縄文人の話していた言語は、日本語、アイヌ語、朝鮮語、ニヴフ語の祖語である出アフリカ古層A型の、より原型に近いものだったと考えることができそうです。そして、縄文人の形質やDNAにもっとも近い特徴をもち、実際に縄文文化の伝統をうけついでいたアイヌの言語こそ、東アジアの出アフリカ古層A型の原型にもっとも近い言語であった可能性が浮上してくることになるのです。

このことを別の視点から考えてみましょう。

アイヌ語には、抱合語という文法的な特徴があるといいました。この抱合語はアイヌだけでなく、シベリアから北アメリカの先住民にもみられます。一方、日本語、朝鮮語、ニヴフ語は、抱合語ではなく膠着語《こうちゃくご》という特徴をもっています。

日本語では、「書く」という動詞はｋａｋという語幹（語形の変化の基礎になる部分）に、「書かない」（ｋａｋ-ａｎａｉ）、「書きます」（ｋａｋ-ｉｍａｓｕ）、「書けば」（ｋａｋ-ｅｂａ）のように、語尾を付着（膠着）させて変化します。このように語幹に文法的意味をもつ接辞（言葉の前や後ろについて言葉の意味を変化させたり補ったりする言葉）を規則的につなげるのが膠着語の特徴です。ウラル語族やアルタイ語族にみられます。

では、日本列島周辺の孤立言語のなかで、アイヌ語だけが抱合語という特徴をもっている事実はどのように考えればよいのでしょうか。

木田は、アイヌ語の抱合語という形式が、日本語のような膠着語の形式から生じてきた可能性は考えにくいことから、古くからの形式だったのではないかとしています。さらに、変化しない語幹に規則的に接辞をつなげる膠着語は、抱合語のように言葉の記憶に大きな負担のかかる形式を軽減・省力化する合理的な方法であり、言語の発展段階として最終段階にあるとのべています。

そうすると、日本列島周辺の出アフリカ古層A型の言語のなかでも、日本語、朝鮮語、ニヴフ語の膠着語は新しくあらわれた形式であり、アイヌ語の抱合語は古層の特徴をとどめるものであった可能性も考えられそうです。

アイヌ語学者の中川裕《ひろし》によれば、アイヌ語には接頭語が優勢という特徴があります。この接頭語とは、ほかの語の上について一語を形成するもので、「こいぬ」「お話」の「こ」「お」のたぐいです。これにたいして接尾語は、ほかの語の下について一語を形成するもので、「かれら」「殿さま」の「ら」「さま」のたぐいです。

この接頭語と接尾語について周辺地域の言語をみると、日本語をふくむ東アジアや北東アジアの言語は接尾語が優勢です。接頭語が優勢の言語は、アイヌ語以外ではシベリアのケット語しかありません（中川二〇一〇）。

ケット語は、アイヌ語と同じく出アフリカ古層A型に分類された孤立言語です。さらに抱合語という特徴もアイヌ語と共通します。これはアイヌ語＝縄文語の起源を考えるうえで興味深い事実といえるのではないでしょうか。

✝古代日本語のなかの縄文語

もし、アイヌ語と縄文語が関係の深い言語だったとすれば、縄文人と渡来人が混血して成立した本土人の日本語のなかに、アイヌ語と共通する言葉が残っていてもよさそうです。実際先にのべたように、アイヌ語と日本語のあいだには、日本語からの借用語か、アイヌ語からの借用語か、あるいは同源の語か、判断のむずかしい言葉が少なからずあるのです。

言語学者のA・ヴォヴィンは、古代日本語のなかのアイヌ語と考えられる言葉について、次のようにのべています（ヴォヴィン二〇〇八）。

ヴォヴィンはまず、「武蔵」（古代の発音ではｍｕｎｓａｓｉ。発音記号は省略。以下同じ）は日本語としての解釈はむずかしいが、アイヌ語であれば「ｍｕｎ　ｓａ－ｈ・ｉ」（草の野原）と解釈でき、また「足柄」（a s i g a r i）はアイヌ語の「a s k a r - i」（清いところ）と解釈できるとのべ、関東や中部地方の地名をいくつかあげてアイヌ語との関係を論じています。

このようなアイヌ語で解釈できる本州の地名の研究は、これまでも多くの研究者がとりくんできました。その結果、東北北部にはアイヌ語で解釈できる地名が濃密に分布し、それらがアイヌ語起源であることは共通理解となっています。東北北部にアイヌ語地名が濃密な理由については第2章「流動化する世界」でのべます。

次にヴォヴィンが注目するのは、時を意味する「しだ」という言葉です。これは『万葉集』の東国歌、防人歌《さきもりうた》、肥前風土記《ふどき》歌謡にだけみられます。

この「しだ」という言葉は、『万葉集』に収録された東国歌のうち七首（一首は相模国、その他は東国であるが国不詳）、防人歌のうち二首（常陸国と上野国出身の防人の歌）に出てきますが、古代中央日本語にはまったくみられない言葉です。

古代東国日本語には、時を意味する言葉として「とき」という言葉も出てきます。しかし「しだ」は自立した名詞である「とき」とはちがい、動詞の後に続く名詞であり、用法が異なっています。

そこでアイヌ語をみると、同じく動詞の後に続いて時を意味する「h i」という名詞があり、「ｔａ」という助詞をともなって「ｈｉ－ｔａ」として用いられます。これは音声的には「ｈｉｄａ」となり、古代東国日本語の方言「しだ」はこの借用語とみられます。
アイヌ語の「ｈｉｄａ」は二つの言葉からなりますが、「しだ」は日本語では分析不可能です。借用の方向は「アイヌ語から古代東国日本語へ」以外ありえません。

さらにこの「しだ」は、なぜか東国から遠く離れた九州の肥前国風土記歌謡にもみられますが、古代の肥前国にみられる奇妙な言葉はこれだけではありません。

『肥前国風土記』は、「『岸』のことをこの地方では『ひぢは』（ｐｉｔｉｐａ）という」としています。これは古代や中世の日本語、さらには現代の日本語方言にもみられない言葉です。

しかしアイヌ語では「岸」のことを「ｐｅｔｐａ」といいます。これは「ｐｅｔ」（川）と「ｐａ」（縁）の二つの言葉の合成語ですが、日本語の「ｐｉｔｉｐａ」は分析できません。つまりこの語も、借用の方向は「アイヌ語から古代東国日本語へ」以外ありえないのです。

†なぜ九州北部に縄文語が残ったのか

ヴォヴィンは、「しだ」「ひぢは」というアイヌ語とみられる言葉が、東国や九州で方言として使われていたことについて、かつてアイヌ語が日本列島の全域で話されていたことを意味すると考えています。

北海道のアイヌが全国に進出していった経過はありません。したがってヴォヴィンのいうアイヌ語とは、日本列島の全域で暮らしていた縄文人の言語ということができます。

さらにヴォヴィンの説に従うと、古代日本語は、このような日本列島の基層言語としての縄文語＝アイヌ語が、弥生時代に渡来してきた人びとの言語と接触し、クレオール（融合した言語）として成立した可能性が考えられることになります。

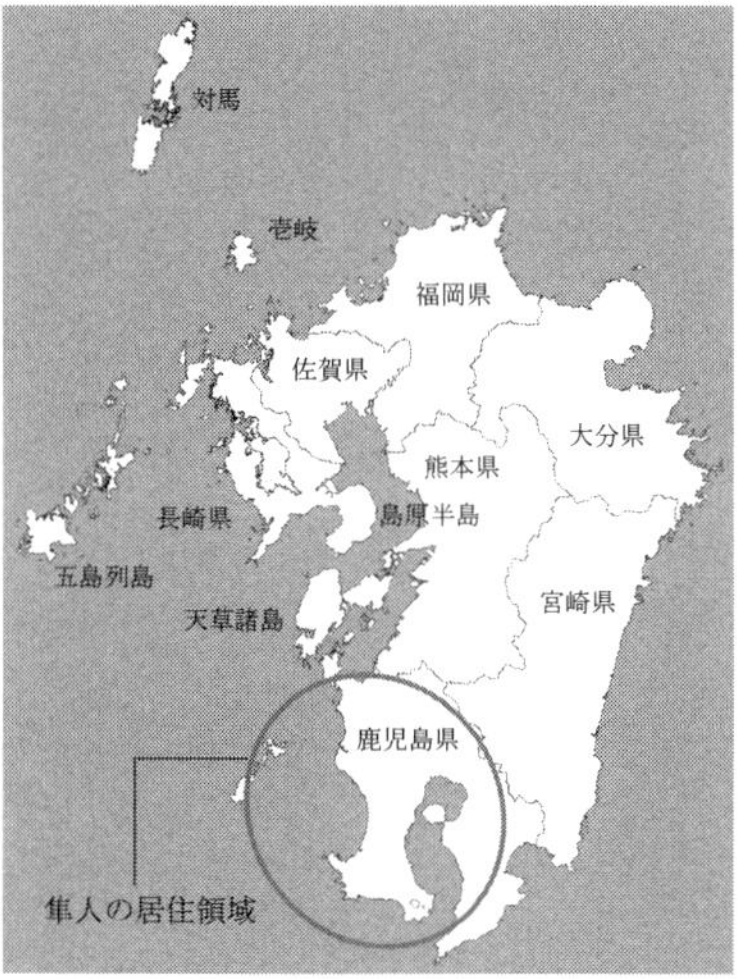

九州のおもな地名

弥生文化は三〇〇〇年前に九州北部で成立しましたが、おそらくそのとき朝鮮半島から渡来してきた人びとの言語と縄文語が融合し、原日本語が成立したのではないでしょうか。朝鮮語と縄文語＝アイヌ語は、もともと出アフリカ古層A型を祖語とするものであり、語順など文法的な特徴も大きく異なるものではなかったのです。

『万葉集』や『肥前国風土記』が編まれた奈良時代は、この日本語の成立からすでに一五〇〇年以上も経過しており、日本列島の縄文語＝アイヌ語は、北海道をのぞいて、わずかな単語が東国や九州の一部に方言として残る状況だったとみられます。

では、縄文語＝アイヌ語由来の言葉が東国だけでなく、弥生文化発祥の地である九州北部の肥前国に奈良時代まで残存していたのはなぜでしょうか。

私は、肥前国に縄文語＝アイヌ語が残存した可能性を示したことこそ、ヴォヴィンの画期的な成果ではないかとおもいます。

この肥前国は、現在の佐賀県と長崎県にあたります。「しだ」がみられたのは肥前国の松浦郡（佐賀・長崎県の北部で平戸・五島列島をふくむ）、「ひぢは」が用いられていたのは高来郡《たかきぐん》（長崎県の島原半島とその北側対岸）でした。

実は、九州北部のなかでも長崎県とその周辺でみつかる弥生時代の人骨は、縄文人の特徴を強くみせており、そのことがはやくから注目されてきました。

†海民の縄文伝統

縄文人的特徴をもつグループは、長崎市深堀《ふかほり》遺跡や、長崎県五島《ごとう》列島の浜郷《はまごう》遺跡、同松原遺跡を代表として、佐賀県呼子町《よぶこちょう》の大友遺跡、熊本県天草半島の沖ノ原遺跡などでみつかっています（石田二〇〇三）。かれらは長崎県一帯の多島海世界に生きる人びとであり、漁民・海民だったとおもわれます。『魏志《ぎし》』倭人伝には、深く潜水して魚貝を捕り、イレズミを施した弥生時代の末盧国《まつらこく》（現在の佐賀県松浦郡）の漁民・海民の姿が描かれていますす。かれらは縄文人的な形質的特徴をもつ人びとだったことになります。

この人びととかかわって興味深いのは、『肥前国風土記』の次のような記事です。松浦郡値嘉《ちか》（現在の五島列島）の島の漁民は、顔かたちが隼人《はやと》（言葉や習俗が異なる南九州の人びと）に似ており、その言葉は土地の人びとの言葉とは異なっているというのです。これは、この地にいた縄文人的特徴をもつ漁民・海民の、奈良時代における姿だったのではないでしょうか。

隼人といえば、南九州山間部の古墳時代人骨は、長崎県など九州西北部の人びとと同じ縄文人の形質的特徴をもっています（竹中二〇一二）。さらにアイヌ語学者の知里《ちり》真志保は、『大隅国風土記』のなかで隼人の俗語で海中の州のことをいうとされている「必志《ひし》」は、アイヌ語の「ｐｉｓｉ」（浜）との関係が考えられると指摘しています（知里一九五六）。

その後、中世にはこの九州西北部が倭寇の拠点となります。また「はじめに」でのべたように、近世から近代には縄文伝統のイレズミと抜歯の習俗をもつ家船漁民が五島列島や西彼杵《にしそのぎ》半島を根拠地としていました。

かれらはまた朝鮮半島の海民とも深い関係をもっていました。朝鮮半島南端の多島海にある勒島《ヌクト》貝塚では、弥生時代の九州北部の抜歯と類似する抜歯人骨がみつかっており、海峡を越えた海民同士の交流が明らかになっています（松下一九九四）。『梁書』（六二九年）の記事には、百済の人びとは倭国に近いため、体にイレズミを施している者が多いとあります。また八六九年には新羅の海賊船が博多を襲い、略奪行為を働く事件がありましたが、その背後には肥前国の海民集団がかかわっていました。

長崎県一帯の多島海世界は、朝鮮半島南端の多島海の海民と一体の関係をもちながら、水稲耕作民とは異なる海民の世界であり続けてきたようです。そしてそこには、縄文人的な形質が弥生時代（さらには奈良時代ころ）まで、日本語にとりこまれた方言としての縄文語が奈良時代ころまで、さらにイレズミと抜歯の習俗は近代まで、それぞれ保たれてきたと考えられるのです。

✝多様性の淘汰のなかで

日本列島では、このような縄文伝統は最終的に日本語と水稲耕作民の文化にとりこまれていきました。

しかしそこにいたる過程は均一ではなく、弥生時代以降も東日本だけでなく西日本の各地に、なんらかの縄文伝統が残存していたと考えられそうです。そのような伝統は、もちろん海民だけでなく、狩猟を活発におこなう山民などにもみられたかもしれません。

ところで、古墳時代に渡海してきた渡来人は鍛冶《かじ》や製鉄、窯業《ようぎょう》、馬飼いなどの文化をたずさえ、西日本だけでなく各地に展開しました。考古学では、かれらが中部から関東北部を経由し、東北北部まで入りこんでいったと考えられています（亀田二〇一二）。先にのべたように、ＤＮＡからみた現代東北人の成り立ちにも、古代における渡来系集団の関与が指摘されているのです。

そうすると、弥生時代以降の古代の日本列島には、言語からみると縄文語と渡来人語が融合した古代日本語のほかに、縄文語＝アイヌ語、縄文語と古代日本語の融合語、古代朝鮮語、古代朝鮮語と古代日本語の融合語といった、さまざまな言語が各地でみられたにちがいありません。

このような言語の多様性をふくめて、日本列島の文化は弥生時代以降「複数文化」に転換したといえます。しかし、この多様性に富んだ「複数文化」は、「心の文明」であった縄文の「単一文化」とは異なる、いびつな「単一文化」に収斂《しゅうれん》していきます。その過程もまた日本列島の歴史にほかなりませんでした。

そしてこの淘汰のなか、私たちの祖先の文化であった縄文語と縄文イデオロギーを保ってきたのがアイヌだったのです。

第2章

流動化する世界

――続縄文時代（弥生・古墳時代）

1　弥生文化の北上と揺れ動く社会

†揺れ動く社会

日本列島に弥生文化が広がるなか、北海道の縄文人はこれを受容しようとはしませんでした。かれらは、さまざまな毛皮獣が生息する亜寒帯の生態系のなかで、本州の人びととと交易する商業的狩猟民の道を選択しました。

さらに古墳時代になると、北海道の人びとは津軽海峡を越えて東北地方へ南下し、古墳社会の人びとと直接交易をおこなうようになります。これと同時にオホーツク人がサハリンから南下して道北と道東を占め、縄文人の末裔と緊張をはらんだ関係をくりひろげることになります。オホーツク人の南下によって混乱する北方世界には、王権も介入します。

この弥生・古墳時代に並行する北海道の文化を続縄文文化とよんでいます。その特徴は、弥生・古墳文化やオホーツク文化という異文化との交流によって社会が大きく揺れ動いたことにあります。

本章では、交易民アイヌの胎動期ともいえるこのような流動化の時代を、続縄文時代のアイヌの祖先（続縄文人）がどのように生きたのか、さらにそのなかで縄文伝統をどのように守ってきたのかみていくことにします。

✝北上する弥生文化

弥生文化は、紀元前一〇世紀に九州北部の玄界灘《げんかいなだ》沿岸で成立しました。弥生時代前期末の紀元前四世紀になると、日本海を経由して東北北部まで拡大します。その結果、青森県でも灌漑施設をそなえた水田が営まれることになりました。ただし津軽海峡を越えてこの水稲耕作の文化が北上することはありませんでした。

では、最北の弥生文化の水田が発見された青森県の弘前市砂沢《すなざわ》遺跡（弥生時代前期末）の住人は、いったいどのような人びとだったのでしょうか。

砂沢遺跡の人びとが用いていた土器は、西日本の弥生土器の影響を強く受けたものですが、その製作技術や文様には縄文土器の特徴が色濃くうけつがれていました。さらに土偶や土版といった縄文文化の祭祀・呪術具も多数みつかっています。

そのため砂沢遺跡では、水稲耕作をおこなう弥生文化の人びとと縄文人が入れかわったのではなく、縄文人が弥生文化を選択的にうけいれたと考えられています。さらに縄文伝統が色濃くうけつがれていた以上、砂沢遺跡の住人が話していた言語も縄文語＝アイヌ語であろうとされています（松本二〇一五）。

砂沢遺跡にかぎらず、東日本の弥生文化の受容は西日本とはかなりちがった様相をみせています。たとえば、関東地方では中期中葉まで水稲耕作より畑作が生業の中心でした。東北の仙台平野では、水稲耕作がさまざまな生業のひとつとしておこなわれていたにすぎませんでした（斎野二〇〇四）。岩手県の北上山地では、弥生時代の洞窟遺跡も多数確認されています（八木二〇一五）。その住人は狩猟に従事していたのでしょう。

このような状況をみると、おそらく弥生時代の東日本では、縄文語＝アイヌ語と弥生語＝原日本語がまだら状に混在していたにちがいありません。

洞窟遺跡だけでなく、水田に不適な山地でみられる小規模な弥生文化の集落は、狩猟採集が生業の中心とみられています。そこで、このような田んぼのない村とある村が混在していたのが弥生文化であり、それは現代の日本列島の社会の原型をなすものであるという意見もあります（高瀬二〇一四）。

そうすると、そもそも弥生文化とは何なのでしょうか。発掘調査が進展し、各地の状況が明らかになるにつれ、水稲耕作を指標として弥生文化とよぶことの限界が指摘されるようになりました。そのため現在では、東日本あるいは東北地方の文化を、弥生文化ではなく異なる名称の文化にすべきであるという議論もおこなわれています。

弥生文化の拒否

北海道の続縄文人は、青森まで拡大した弥生文化を受容することはありませんでした。それはなぜでしょうか。

弥生時代（中期〜後期）に並行する北海道の続縄文時代前期の遺跡からは、本州の産物が出土します。それは鉄器、碧玉《へきぎょく》製の管玉《くだたま》、ガラス玉、奄美諸島以南に生息するイモガイ製の貝輪のほか、タカラガイ、ゴホウラ、マクラガイなど南島産の各種貝製品です。石狩市紅葉山33号遺跡の墓からは、多数の碧玉製管玉と鉄器が一緒に出土しています。

これらの製品は、本州の弥生社会で権威を示す宝となっていたものであり、だれもが手にできるようなものではありませんでした。続縄文人がこのような宝を入手するに際しては、当然高価な対価がもとめられたはずです。そして、その対価として考えられるのは、北海道に生息する各種の陸獣や海獣の毛皮なのです。

あとでのべるように、『日本書紀』によれば、北海道のヒグマの毛皮は当時の王権を象徴するものとなっていました。『魏志』倭人伝にみられるように、弥生時代の本州でも各地のクニに「王」がおり、多数の奴隷を従えて強い権威を誇っていたのですから、管玉や南島産の貝製品の対価として本州へ流通した北海道の毛皮が、各地の「王」の権威の象徴となっていたことは考えられそうです。

いずれにせよ、続縄文人は寒冷な北海道で二流の農耕民となる道ではなく、弥生文化の宝を手に入れるため、毛皮生産としての狩猟に特化していく道を選択したと私は考えています。毛皮の生産という点では、北海道はきわめて大きなポテンシャルをもつ土地だったのです。

この毛皮生産が、続縄文時代前期の社会で活発におこなわれていたことを示唆する遺跡があります。せたな町南川《ちょうみなみかわ》遺跡では、数十の工房跡から数千点のメノウ製のドリル（石錐《せきすい》）が出土しており、なんらかの作業に従事した専業的な集団がいたと指摘されています（加藤一九九二）。メノウはきわめて硬い石であり、毛皮加工の道具であった可能性も考えられそうです。

北海道で出土した卜骨

ところで、南島産の貝製品が北海道でも多数出土している事実については、弥生時代中期に日本列島を南北にむすぶ物流が成立しており、そこに専業的な海運集団がかかわっていたとする指摘もあります（加藤同前）。

これとかかわって興味深いのは、弥生時代の海民の問題にとりくんでいる山浦清の説です。山浦は、弥生時代になると九州北部の海民が各地に進出していったとのべ、続縄文時代前期の道南の遺跡では、銛頭《もりがしら》などの骨角器にこの九州北部の海民の影響がうかがえるとしています（山浦一九九九）。

実は、北海道と本州の海民の関係を示す資料は銛頭だけではありません。それは、せたな町貝取澗《かいとりま》2遺跡（続縄文時代前期）と、余市町フゴッペ洞窟（同）で出土している卜骨《ぼっこつ》です。

卜骨とは、シカやイノシシの肩胛骨《けんこうこつ》に焦げ目をつけ、その「ひび」をみて占う習俗です。朝鮮半島南部の卜骨が日本へ伝わり、弥生時代を中心におこなわれました。

これは沿岸部の漁撈や海上交通の拠点で多く出土していることから、海民とかかわりの深い習俗とされており、九州の卜骨をみると、壱岐島《いきのしま》や有明海沿岸など、やはり海民とかかわりの深い地域で出土しています。朝鮮半島

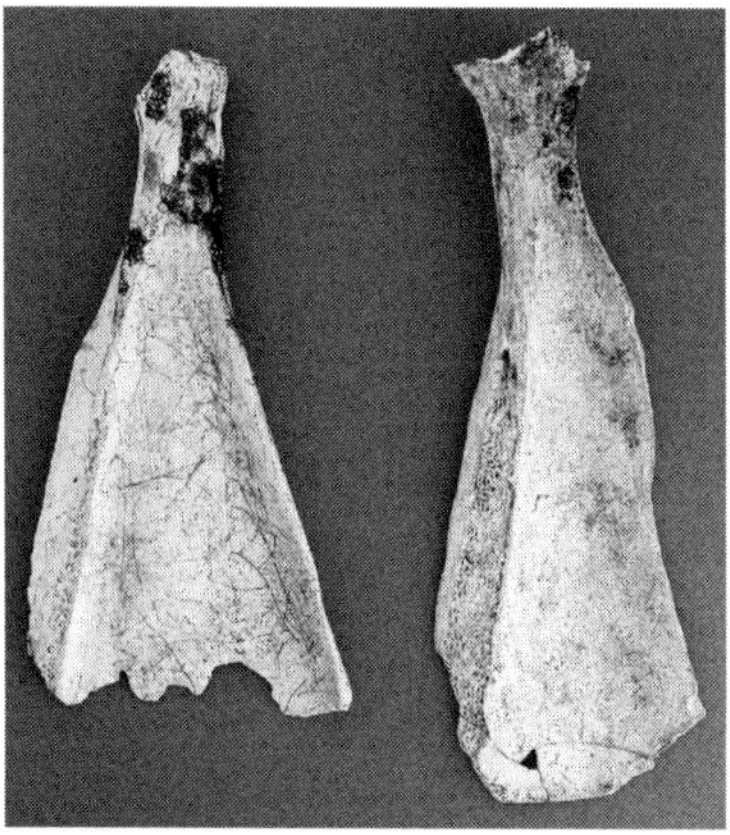

余市町フゴッペ洞窟出土の卜骨
続縄文時代前期。北海道博物館提供。

の卜骨も、南端の多島海世界で多く出土していることから、海民とゆかりの深い習俗とされています。この朝鮮半島南端と九州北部の卜骨は、いずれも弥生時代中期〜後期のものであり、そのため両地域の海民は海峡を超えて卜骨の文化を共有していたと考えられています（辻尾二〇一四）。

北海道へもたらされた南島産貝製品などの流通には、このような海民が深くかかわっていたのかもしれません。

†海民と続縄文文化

弥生時代の卜骨の出土遺跡は、太平洋側では千葉県、日本海側では新潟県の佐渡島が北限です。北海道の卜骨はいずれも日本海沿岸の遺跡から出土していますので、日本海ルートで新潟県以西の地域から、海民によってもたらされた可能性がありそうです。

ただし、貝取澗2遺跡の卜骨は、焦げ目のつけ方が本州のものとは異なり、北アジアのタイプ（新田一九七七）に分類されるものです。そうすると、北海道に卜骨をもたらしたのは本州の海民ではなく大陸の人びとだったのでしょうか。

フゴッペ洞窟の卜骨は、続縄文土器のなかに入れられた状態でみつかりました。被熱の有無については議論の分かれる資料ですが、続縄文人自身が卜骨で占いをおこなっていたようです。

そうだとすれば、もともとは本州から伝わった卜骨の方法が、続縄文人のなかでローカル化し、使用法が変化していたことも考えてみる必要がありそうです（山浦二〇〇四a）。実際、貝取澗2遺跡の卜骨の焦げ目のつけ方は本州と異なっていますが、いずれの例も骨の表面を削って形を整えており、その方法は北アジアではなく本州と同じなのです。

さらに、本州の弥生時代の卜骨は海に面した海蝕《かいしょく》洞窟の遺跡で多く発見されていますが（西川二〇一五）、貝取澗2遺跡とフゴッペ洞窟もやはり海蝕洞窟です。

いずれにしても、続縄文人が卜骨という精神文化をうけいれた事実は、それをもたらしたのが大陸の人びとであれ本州の海民であれ、両者のあいだに濃密な交流があったことを物語っています。そして、そのような濃密な交流があった以上、続縄文人がうけいれたのは卜骨の習俗にとどまらなかったにちがいありません。

そこで注目したいのが次のような事実です。

続縄文時代になると、道南の人びとは、骨角器の銛頭や、特異な石器（魚形石器《ぎょけい》）と骨角製の釣針を組みあわせた巨大な疑似餌《ぎじえ》などの文化を一気に開花させ、オットセイやイルカなどの海獣猟、マグロなど大型の回遊魚やオヒョウ・タラなど底生魚の漁を活発におこなうようになりました（恵山《えさん》文化）。

劇的ともいえるこのような海洋適応がなぜ生じたのか、理由は明らかになっていません。しかし、もし北海道に卜骨をもたらしたのが本州の海民だったとすれば、このような海洋適応や技術革新にも、かれらが関与した可能性が考えられることになります。海民・漂海民が各地に漁撈技術を伝えたことは、近世や近代の記録にもみられるのです。

道南でみられる魚形石器と同じものは、朝鮮半島東海岸（渡辺一九九五）や、熊本県天草《あまくさ》諸島の本渡市《ほんどし》大矢遺跡（縄文時代後期）など海民の故郷で出土しています。時期は離れているものの、両者には関係があったのかもしれません（山浦二〇〇四b）。また、道南では南島産の貝製品が墓から多数出土していますが、そもそも弥生文化で南島産貝製品の副葬が色濃くみられるのは、海民の故郷であった九州北部の遺跡なのです。

†西日本から北海道へ

続縄文文化の成立と海民の関係については、動物考古学者の西本豊弘も次のように指摘しています。

道北の礼文島浜中2遺跡（続縄文時代前期）では、クジラの骨でつくられたアワビオコシ（アワビを岩から剝がすヘラ）、ヤス（突き銛）、食用にされたイヌが出土しました。

この組みあわせは、壱岐島の原の辻遺跡、同カラカミ貝塚など、九州北部でみられる組みあわせと同じです。さらに壱岐島から長崎県、熊本県の多島海にかけては、縄文時代から活発にクジラ猟がおこなわれていました（森一九八七）。

また、浜中2遺跡で出土したイヌは縄文犬ではなく弥生犬です。そもそもイヌを食用とする文化は、北海道をふくむ縄文時代の日本列島ではみられず、弥生文化になってあらわれたものなのです。

そこで西本は、浜中2遺跡には九州北部の海民が入りこみ、アワビ漁をおこなっていた可能性があるとしています（西本編二〇〇〇）。浜中2遺跡のアワビオコシに九州北部の海民がかかわった可能性は、九州の研究者からも指摘されています（中尾二〇〇五）。

ちなみにアワビは、卜骨のみつかった貝取澗2遺跡とフゴッペ洞窟でも出土していますが、アワビ漁は弥生時代になって列島各地で一斉におこなわれるようになったものであり、縄文時代にはみられない「弥生的現象」とされます（中村二〇一五）。このことは、神道でアワビが

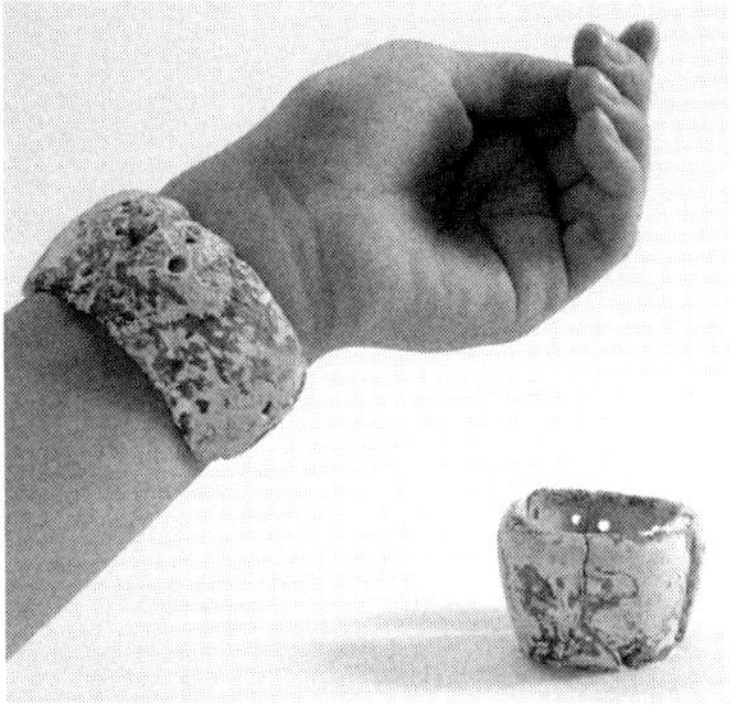

伊達市有珠モシリ遺跡出土のイモガイ製貝輪
続縄文時代前期。伊達市噴火湾文化研究所提供。

重要な神饌《しんせん》とされてきたこととかかわって、たいへん興味深い事実といえます。さらに卜骨やカメの甲羅を用いた亀卜《きぼく》も、現代まで連綿と神社を中心におこなわれてきたものなのです。

ほかにも、道南の続縄文文化の銛頭（茎槽式多鐖銛頭《けいそうしきたきもりがしら》）は、朝鮮半島南部から壱岐島、山陰の銛頭と関連するものであり（小林二〇〇九）、魚鈎《ぎょこう》状製品とよばれる骨角器は、鳥取から佐渡島にかけての本州西部日本海側で弥生時代中期から古墳時代前期にみられるものと類似しています（福井二〇一〇）。また、道南の伊達市有珠《うす》モシリ遺跡から出土したイモガイの貝輪（ヨコ型厚手貝輪の組みあわせ）は、弥生時代前期末の長崎県宮の本遺跡に類例がみられます（福井同前）。

道南の続縄文文化の成立にあたって、縄文人の特徴をとどめていた九州北部など西日本日本海沿岸の海民がかかわっていたのはまちがいなさそうです。

弥生時代中期には日本列島を南北にむすぶ物流が成立し、そこには専業的な海運集団がかかわっていたとする説を紹介しましたが、この流通を担った海民は、各地で潜水漁などの漁撈や海獣狩猟もおこなっていました。縄文人的特徴をもつ海民が列島規模で活動を繰り広げていた事実は、水稲耕作をめぐって語られる弥生文化とは異質な、もうひとつの弥生文化があったことを物語っているのです。

†弥生の宝がまねいた階層化

弥生文化の宝が北海道にもたらした変化は、交易のための狩猟だけではありません。そのひとつは階層化です。

続縄文時代になると、北海道では大量の副葬品をもつ墓がみられるようになります。それは石器や骨角器のほか、先ほどのべた碧玉製の管玉、ガラス玉、南島産貝製品、鉄器など弥生文化の宝です。このような墓を「多副葬墓」とよんでいます（瀬川二〇〇七）。

この大量の副葬品をもつ墓は墓地のなかでもわずかしかみられません。たとえば、せたな町南川遺跡では五四基の墓のうち多副葬墓は二基、白老《しらおい》町アヨロ遺跡では四六基中一基、江別市元江別1遺跡では四〇基中三基です。その比率から、多副葬墓は首長の墓と考えられます。弥生文化の宝は首長の権威を象徴するものとなっていたのです。

ただし、このような首長の権威の高まりは、続縄文時代になって突如あらわれたわけではありません。北海道では縄文時代の後半から、首長の埋葬方法や副葬品がほかの墓と区別されていました。

第1章「アイヌの原郷」で紹介した周堤墓《しゅうていぼ》（縄文時代後期後葉）では、巨大な竪穴を共同墓地としています。ただし、その中央部は台状あるいは小高くなっており、そこには墓がひとつ設けられます（中央墓）。この中央墓を立石で区画したものもあります。千歳市美々《びび》4遺跡のX2周堤墓の中央墓では壮年男性、苫小牧市美沢《みさわ》1遺跡のJX2周堤墓の中央墓では成年男性が葬られていました。

中央墓の被葬者は首長であり、したがって周堤墓は首長の死と交代を契機に造営されたことになります。そこには首長の強い権威がうかがえますが、ヒスイ玉、漆製品、石棒、サメ歯など当時の副葬品をみると、首長とほかの人びとのあいだに差はありません。

縄文時代晩期になると、この周堤墓はみられなくなってしまい、かぎられた墓から大量の副葬品が出土するようになります。首長の墓である多副葬墓の出現です。しかし、副葬品の内容が続縄文時代の多副葬墓とは大きく異なっています。

そこに副葬されたのは、鏃《やじり》と刃器《じんき》という二種類の、しかし数百点にのぼる大量の石器と、大量のコハク玉などです。石器は埋葬にあたってつくられた規格品で、鏃のなかには即席に形だけを整えた実用には向かないものもみられます。続縄文時代の多副葬墓の副葬品は、首長の生前の所持品とみられるものですが、縄文時代の多副葬墓の副葬品は、集団が首長の墓に供えたものだったのです。

縄文時代の首長はたしかに大きな権威をもっていたようです。しかし、かれらの権威は富や宝とは無縁でした。ところが続縄文時代になると、首長は弥生文化の宝をほぼ独占する存在になったのです。

クマ祭りの起源

弥生文化の宝がもたらしたもうひとつの変化は、第1章「アイヌの原郷」でのべた縄文イデオロギーとしてのイノシシの祭りが、クマ祭りに変化したことです。

クマ祭りは、近世アイヌ社会におけるきわめて重要な祭りです。これは子グマを生けどりにし、集落で一定期間飼育したのち、秋から冬にかけてこれを殺す（神の国に送り返す）ものです。

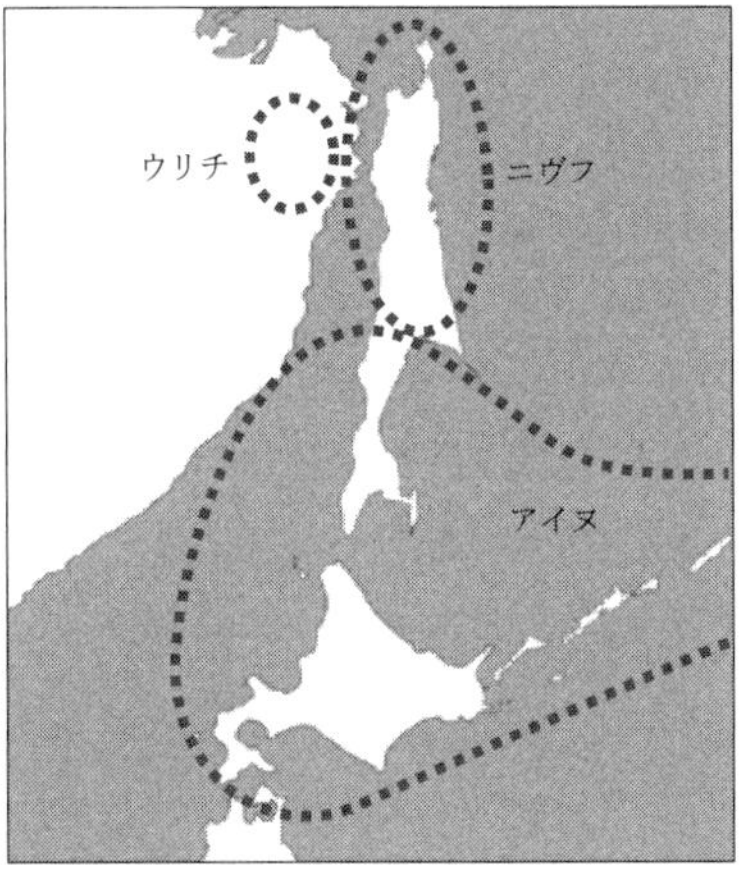

飼育型クマ祭りをおこなう民族

クマをめぐる儀礼は、北半球北部の森林地帯に広く分布しており、ヒグマ系統のクマが生息する地域では普遍的なものです。ただし、飼いグマ型の祭りは北海道、サハリン、アムール川下流域という、アイヌが進出していた地域の人びとにしかみられない、世界的にみてもきわめて特異な習俗なのです。

その起源をめぐる説は、次の三つにまとめることができます。

飼いグマ儀礼が文書にあらわれる近世に成立したとする「近世説」、クマの狩猟と祭祀を活発におこなっていたオホーツク文化から伝わったとする「オホーツク文化説」、クマの飾りをもつ土器や骨角器が出土するようになる続縄文時代前期に成立したという「続縄文文化説」です。

近世説は、文書の記録を絶対視し、文書以前に成立した可能性に目を向けていない点でうけいれられそうもありません。

オホーツク文化説は、次にのべるようないくつかの事実から、もっとも支持されている説です。

オホーツク人は、クマの狩猟を活発におこなっており、そのクマの頭骨を住居内の祭壇で祀っていました。また、オホーツク文化の礼文島香深《かふかい》井A遺跡でみつかったクマの遺体は、成獣は春に死亡し、幼獣は秋に死亡していました。そこでアイヌのクマ祭り同様、春先に冬眠中のクマを狩った際、穴のなかにいた子グマをもちかえって飼育し、秋に殺したと考えられます。さらに湧別町《ゆうべつちょう》川西遺跡で出土したオホーツク文化のクマ彫像には、サハリンアイヌが飼いグマ儀礼の際、子グマに着用させた腹帯と似た表現がみられます。

ただし、アイヌのクマ祭りではオホーツク文化のように屋内でクマの頭骨を祀ることはありません。オホーツク人が飼いグマ祭りをおこなっていたとしても、それが近世アイヌのクマ祭りの起源であるとは断言はできないのです。

そもそも屋外の仮設の祭場でおこなわれたアイヌのクマ祭りは、考古学的な痕跡としては残らないものです。したがって、考古学的な痕跡がないことを理由に、アイヌの祖先のなかにクマ祭りがなかったということはできません。

†変わっていく縄文イデオロギー

そこで注目したいのは、続縄文時代の遺跡で出土している石製や土製のクマの頭部彫刻です。芦別市滝里安井遺跡、北見市常呂《ところ》川河《がわ》口遺跡、余市町大川遺跡など全道の多副葬墓でみつかっています。

このクマの頭部彫刻は、首の付け根に孔があけられています。ヒモをとおして何かにとりつけたものだったようです。

実は、これとよく似たものが近世アイヌのなかにもみられます。アイヌ男性は儀式の際、サパウンペ（冠）をかぶりますが、この冠には木製のクマなどの彫刻がとりつけられます。これは続縄文時代のクマ彫刻とうりふたつです。孔にヒモをとおし、冠に固定する使用法も同じです。

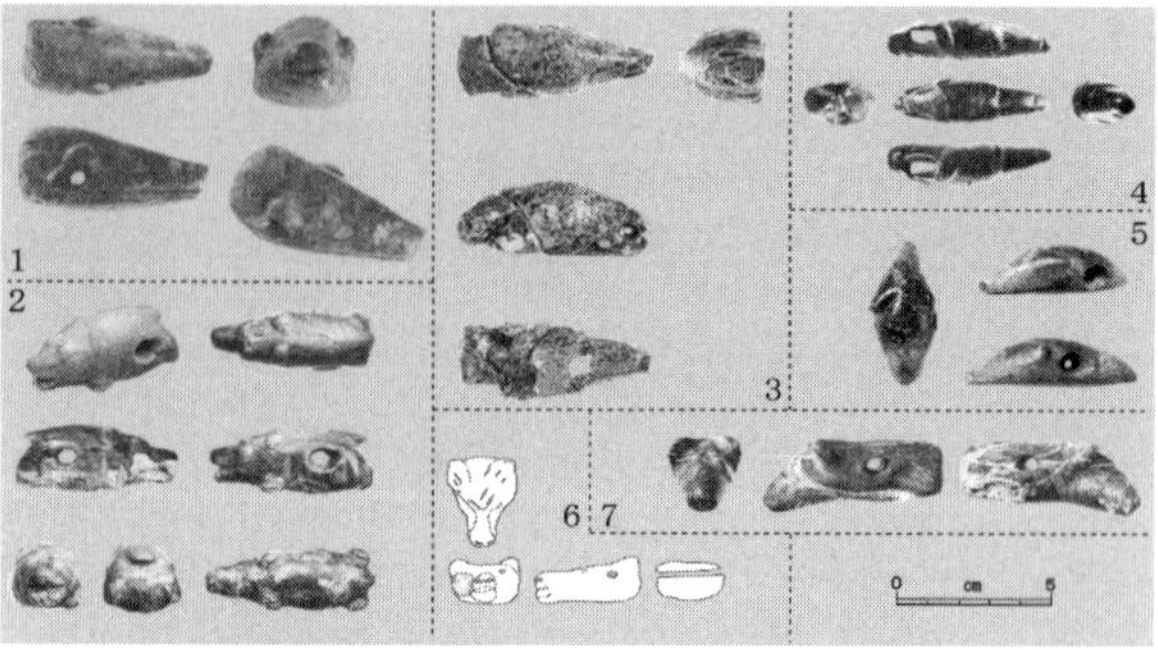

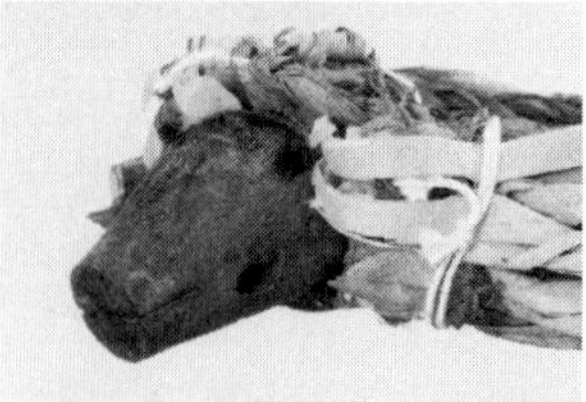

続縄文時代前期。1：江別市高砂遺跡、2：芦別市滝里安井遺跡、3：北見市常呂川河口遺跡、4・5：江別市旧豊平河畔遺跡、6・7：余市町大川遺跡。6は土製、他は石製。左のサパウンペは旭川市博物館蔵。

多副葬墓から出土したクマの頭部彫像と近世アイヌのサパウンペ

さらに、サパウンペにかんするもっとも古い記録である『蝦夷日記』(一七七九年)をみると、アイヌの首長はクマ祭りの際、クマ彫刻のサパウンペを着用しているとあります。クマ彫刻をもつサパウンペは、本来首長の着装品であり、さらにクマ祭りに深くかかわるアイテムだったようです。

そうすると、続縄文時代の多副葬墓から出土するクマ彫刻も、クマ祭りの際に着用する首長の冠の部品だった可能性が考えられることになります。北海道の縄文時代の墓では、遺体の頭部にサメの歯が横にならんでみつかることがあり、サメの歯をとりつけた冠の痕跡と考えられています。そのような冠の伝統のうえに、続縄文時代にはクマ彫刻をもつ冠があらわれたのかもしれません。いずれにせよ続縄文時代のクマ彫刻は、飼いグマ祭りの存在を示唆するものなのです。

もし続縄文時代にクマ祭りがおこなわれていたとすれば、考えなければならないのは、それに先行しておこなわれていた縄文のイノシシ祭りとの関係です。イノシシ祭りは、春先に入手した子イノシシを飼育して秋に殺す、アイヌのクマ祭りとまったく同じモティーフをもつ祭りでした。

北海道の縄文人がわざわざ津軽海峡を越えてイノシシを入手し、沿岸から内陸まで全道各地で開催していたイノシシ祭りは、かれらにとってきわめて重要な意味をもつ祭りでした。このイノシシ祭りは本州の弥生文化ではみられなくなりますが、弥生文化を拒否した北海道では、ひきつづき重要な祭りとして認識されていたにちがいありません。

しかし、もはやイノシシ祭りを共有しない東北北部からイノシシを入手するのが困難になるなか、本州への最重要の交易品となったクマが祭りの主役になったのではないでしょうか。春先に冬眠中のクマの猟をおこなうと、子グマは自動的に入手できたのです。

イノシシ祭りがクマ祭りにおきかわったとすれば、それは縄文イデオロギーをうけつぐためだったといえるでしょう。しかし、本州への交易品であるクマが主役になることによって、縄文イデオロギーとしての祭りは、同時に商品の祭りとしての意味を帯びることになりました。クマ祭りを主催する首長は、弥生の宝という商品を独占するだけでなく、商品の祭りを統括する者になったのです。

2 古墳社会との交流

†東北北部への南下

東北北部では、弥生時代後期の一世紀以降、水稲耕作がおこなわれなくなり、集落もほとんどみられなくなってしまいました。人口密度が希薄になり、人びとは山間部で狩猟採集に従事することになったようです。その理由は気候の寒冷化にあるとされます。

本州の古墳時代と並行する続縄文時代後期のはじめ、四世紀になると、北海道の人びとは、人口密度が希薄化した東北北部へ南下していきます。かれらは古墳社会の前線地帯である仙台平野と新潟平野をむすぶラインまで進出しました。この前線地帯には、幅数十キロメートルにわたって、古墳社会の人びとと続縄文人が混在する「中間地帯」がみられます。両者は排他的・敵対的な関係ではありませんでした（藤沢二〇〇六）。

この東北進出と並行して、北海道には鉄器の流通が一気に拡大しました。そのため、毛皮のなめしに用いる特殊な石器（円形掻器《そうき》）や、石鏃《せきぞく》、石斧《せきふ》などをのぞいて石器が激減します。この鉄器は、東北地方へ南下した続縄文人が古墳社会の人びとから入手したものでしょう。また、続縄文社会では皮なめしの石器が大量に消費されていることから、大量の毛皮が古墳社会へ渡っていたようです。続縄文人と古墳人が混在した「中間地帯」は、毛皮と鉄器の交易地帯だったのです。

岩手県奥州市角塚古墳（ジオラマ）
奥州市教育委員会提供。

この皮なめしの石器は、東北地方へ進出した続縄文人の遺跡からも出土します。かれらは東北地方でも狩猟活動をおこない、交易品となる毛皮の生産をおこなっていたのです。

五世紀後半になると、古墳社会の人びとは「中間地帯」を越えて北上し、続縄文人が南下していた東北北部へ進出します。岩手県の奥州市中半入《なかはんにゅう》遺跡、青森県の八戸市田向冷水《たむかいひやみず》遺跡などがその集落跡です。

中半入遺跡では、集落のなかに壕をもつ首長の居館《きょかん》が設けられ、遺跡の近くには最北の前方後円墳である角塚古墳《つのづかこふん》もつくられました。そこでは農耕がおこなわれたほか、遺跡からウマの下顎骨が出土しているので、ウマの飼育もおこなっていたことが明らかになっています。

遺跡からは、古墳文化の土師器、須恵器《すえき》、鏡や剣を模した石製模造品などの遺物とともに、続縄文土器と皮なめしの石器という続縄文文化の遺物も出土しています。さらに、皮なめしの石器が大量に出土した工房跡がみつかっており、毛皮加工の作業場と考えられています。この毛皮加工には続縄文人も従事しており、さらにかれらは現地で狩猟もおこなっていたとおもわれます。

中半入遺跡は、ウマ飼いの拠点であると同時に続縄文人との交易拠点であり、さらに続縄文人が雑居して狩猟と毛皮加工に従事するという複合的な性格をもつものでした。つまり、それはたんなる古墳社会の北上ではなく、「中間地帯」の北上といえるものだったのです。

†北海道への撤退とアイヌ語地名

この「中間地帯」の北上は当然、続縄文人の南下を押し上げていくことになりました。六世紀になると、続縄文土器は東北地方でほとんどみられなくなってしまいます。青森県の七戸《しちのへ》町森ケ沢遺跡では、五世紀には続縄文人の墓が多数みつかっていますが、六世紀になるとそこへ古墳社会の人びとが進出し、続縄文人と入れかわっています。このことは六世紀における「中間地帯」の喪失を意味しています。

では、「中間地帯」が失われてしまったことは、続縄文人と古墳社会の人びとの交流が途絶したことを意味するのでしょうか。

四世紀には、続縄文社会に鉄器の流通が一気に拡大したといいましたが、五世紀にはそれがさらに拡大し、皮なめしの石器以外すべての石器が鉄器におきかわりました。さらに七世紀になると、余市町天内山《よいちちょうあまうちやま》遺跡や恵庭市西島松5遺跡の墓から刀子《とうす》、鉄斧《てっぷ》、鉄鎌《てつがま》、鉄《てっ》鏃《ぞく》、刀剣類など大量の鉄器が出土しています。鉄器の流通は拡大を続けていたのです。「中間地帯」の喪失は、続縄文人が東北北部に住みつき、古墳社会の人びとと雑居しておこなっていたそれまでの交易のありかたが、北海道の続縄文人が東北北部太平洋沿岸へ季節的に訪れ、交易する方法へ変わったことを示しているのです。

ところで、東北北部にアイヌ語地名がみられる事実はよく知られています。その多くはアイヌ語で「川」を意味する「ナイ」「ペツ」に由来するものです。岩手県遠野市の佐比《さひ》内《ない》、同花巻市の似内《にたない》、山形県尾花沢《おばなざわ》市の紅内《くれない》、青森県南部町《なんぶちょう》の苫米地《とまべち》などがその例です。

このアイヌ語地名の残存にも、南下した続縄文人がかかわっていました。

東北北部にアイヌ語地名が分布している事実は、アイヌ語を話す人びとが東北北部にいたことを示しています。さらに、東北北部は最終的に日本語集団によって占められたのですから、アイヌ語地名は、ある時期に生じた両者の入れかわりのなかで残されてきたことになります。

北海道には多くのアイヌ語地名が残されていますが、これは明治時代になって、アイヌ人口をはるかに上回る圧倒的多数の和人が一気に入植するなかで残されてきたものです。つまり東北北部のアイヌ語地名についても、日本語集団とアイヌ語集団の急速な入れかわりのなかで残されたと考えられます。

東北北部においてそのような事態が想定できるのは、続縄文人と古墳社会の人びとの入れかわりのとき以外ありえません。実際、東北北部のアイヌ語地名の分布は、続縄文人が南下していた範囲とほぼ一致しているのです。

東北北部には、弥生時代後期に狩猟採集に逆戻りしてしまった人びとの末裔も少数いました。その動向はよくわかっていませんが、最北の水田を残した青森県砂沢遺跡の住人が縄文語＝アイヌ語を話していたとみられることからすれば、かれらの言葉も縄文語＝アイヌ語だった可能性があります。古墳社会の人びとにアイヌ語地名を伝えたのは、続縄文人だけでなく、東北北部の在地の人びともかかわっていたかもしれません。

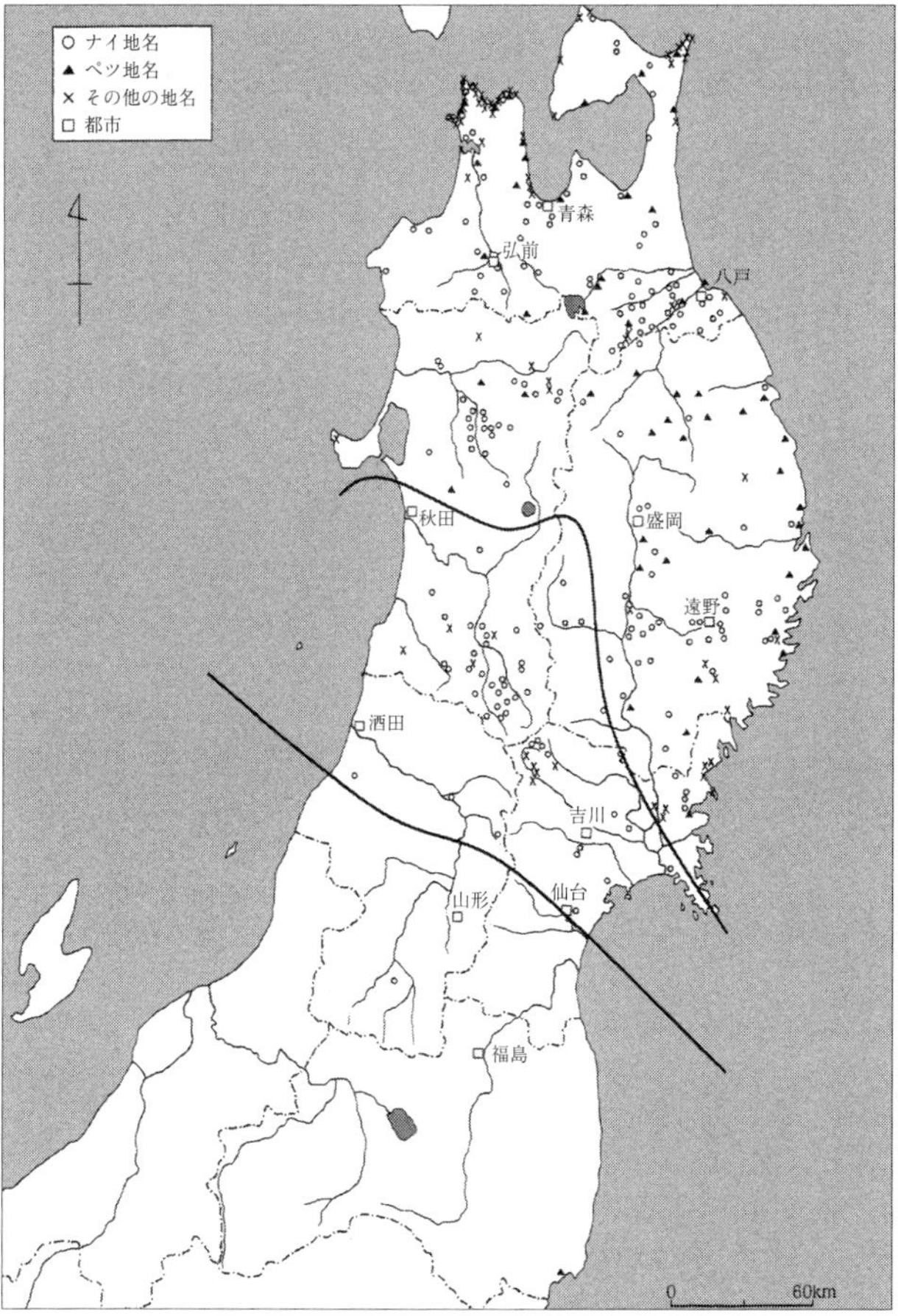

東北地方のナイ、ペツ地名の分布
松本（2006）原図。

†ウマとの遭遇

東北地方へ南下した続縄文人と古墳社会の人びととの接触を考えるうえで、興味深い問題があります。それはアイヌ語の「ウマ」（馬）という言葉の起源です。

ウマは、北海道はもちろん日本列島にもともと生息していなかった動物です。アイヌ語の「ウマ」は、日本語のウマから借用された言葉と考えられています。では、いつ、どのような状況でウマという言葉がとりいれられたのでしょうか。

アイヌ語学者の中川裕は次のように考えています。

ウマのことを、北海道太平洋側のアイヌ語方言で「ウンマ」といいます。この太平洋側は、近世には東蝦夷地《ひがしえぞち》とよばれていました。これにたいして日本海側、オホーツク海側、サハリンでは、「ウマ」「ンマ」「ウーマ」などというものの「ウンマ」の語形はありません。この北の地域は西蝦夷地《にしえぞち》とよばれていました。

では、東蝦夷地ではなぜ「ウンマ」とよばれたのでしょうか。日本語の方言では、「ウンマ」は群馬県と長野県の一部、瀬戸内海のごく一部にみられます。ただし、北海道から遠いこれら地域の言葉が入ってきた可能性は小さそうです。

ウマそのものが北海道へもちこまれたのは、史料上、東蝦夷地では一七八九年、西蝦夷地では一八〇七年とされます。

前者の時点における蝦夷地は松前藩の支配下にあり、道内各地で漁場や交易所の運営を請け負っていた和人商人の多くは近江商人でした。近江商人の出身地である京阪神地方では、「ウマ」は頭高《あたまだか》のアクセントになります。

一方、後者の時点における蝦夷地は、松前藩に代わって幕府が直轄地として支配しており、蝦夷地警護のため津軽藩と南部藩の藩士が多く入りこんでいました。南部・津軽では「ウマ」は反対に尾高《おだか》のアクセントになります。

つまり東蝦夷地と西蝦夷地では、それぞれアクセントの異なる日本語の「ウマ」が受容されていたと考えられますが、このうち京阪神地方の特徴である頭高のアクセントで発音される「ウマ」は、アイヌ語のアクセントのルールによって「ウンマ」に変形される可能性があります。そこで東蝦夷地の「ウマ」は「ウンマ」に変形されたのではないか、と中川は指摘しています。

これは、語のアクセントと歴史をむすびつけた、たいへん刺激的な着想です。ただし北海道のウマについては、その後考古学的な知見がわずかながら蓄積されています。そこから中川の議論をあらためて読みなおしてみると、なにがみえてくるでしょうか。

†渡来系のウマ飼いと続縄文人

第4章「グローバル化する世界」でのべるように、渡島半島南端の中世和人の拠点である上ノ国町勝山館《かみのくにちょうかつやまだて》（一五～一六世紀）ではウマの骨が出土しており、本州からもちこんだウマを飼育していたことがわかっています。

かれらはアイヌと深く交流しており、館のなかにはアイヌも暮らしていました。アイヌが日本語のウマをとりいれたのは、江戸時代ではなく一五世紀以前とみられます。

さらに擦文時代の人びとは、東北北部へ往来して活発に交易をおこなっていました。その東北北部は名馬の産地として知られており、古墳時代のウマの遺体もみつかっています。アイヌはそこでウマを目にしたはずです。ウマの語の受容は擦文時代以前までさかのぼると考えてまちがいありません。

そこで私が注目したいのは、「ウンマ」の方言が群馬県と長野県の一部、瀬戸内海のごく一部にみられるという事実なのです。

五世紀後半の岩手県奥州市の中半入遺跡は、東北北部に南下した続縄文人と古墳社会の人びとの交易拠点ですが、そこではウマの飼育がおこなわれていたとのべました。中半入遺跡でみつかったウマの遺体は東北地方では最古の例です。そもそも朝鮮半島から日本列島へもちこまれたウマが、渡来人によって日本各地で活発に生産されるようになったのは五世紀前半のことですから、中半入遺跡のウマの飼育は全国的にみてもきわめて古い例なのです。

中半入遺跡に入植した人びとは、鍛冶をおこなっていたこと、住居のなかに日本では初期のカマドがみられることから、渡来系の人びとと考えられています。そしてかれらは、東国の渡来人の一大拠点であり、ウマ生産の拠点でもあった長野県、群馬県から進出してきた人びとと考えられています（亀田二〇一二）。

続縄文人は、この中半入遺跡を訪れ、古墳社会の人びとと雑居していたことが明らかになっているのですから、当然ウマを目にしていました。そして、かれらがそこで耳にした日本語のウマは、その後も長野県と群馬県で用いられてきた「ウンマ」という語形だったのではないでしょうか。岩手県に「ウンマ」の語形が残らなかったのは、その後、この地域に律令国家が各地から移民を送りこんだことがかかわっているのかもしれません。

では、「ウンマ」の語形が北海道では東蝦夷地にだけ分布し、西蝦夷地では異なる語形が用いられていたのはなぜでしょうか。

中半入遺跡で交易をおこなっていた続縄文人は、青森県八戸など東北北部の太平洋沿岸を経由し、内陸伝いに北上盆地へ入りこんでいました。かれらは北海道の太平洋沿岸の人びととみられます。

この太平洋沿岸の集団と日本海・オホーツク海沿岸の集団は、古墳時代から近世まで一貫して北海道を二分していました。そのため、古墳時代に太平洋沿岸の集団が受容した「ウンマ」の語形は近世になっても東蝦夷地で用いられており、西蝦夷地にあたる地域では、異なる時代に異なる地域から伝わったウマの語形が用いられていたと考えられるのです。

3 オホーツク人の侵入と王権の介入

†オホーツク人の侵入

四世紀に続縄文人が東北北部へ南下すると、これと同時にオホーツク文化の人びとがサハリンから宗谷海峡を渡って北海道へ南下してきました。

オホーツク文化は、古代サハリンで成立した海獣狩猟・漁撈民の文化です。オホーツク人は、現在サハリン北部に暮らす先住民ニヴフなどの祖先集団と考えられており、それはミトコンドリアDNAの分析からも支持されています（増田二〇一三）。

かれらの墓からは刀子や耳飾りなど大陸の産物が多く出土し、靺鞨《まつかつ》系文化の人びとと深い関係のあったことが明らかになっています。靺鞨とは、中国の南北朝から唐代にかけて北方地域（吉林省・黒竜江省・アムール川流域・沿海地方）にいた人びとの名称です。

渡海してきたオホーツク人は、稚内など道北の沿岸部に集落を構えましたが、その後、道東のオホーツク海沿岸へ領域を拡大し、続縄文人と北海道を二分しました。

このオホーツク人の進出にともなって続縄文人は道北から撤退し、両者のあいだには空白地帯が広がっていきました。さらにオホーツク人はしばしば日本海沿岸を南下していましたが、その際、続縄文人との接触を避けるように、天売島《てうりとう》、焼尻島《やぎしりとう》、奥尻島《おくしりとう》など、おもに島嶼《とうしょ》伝いに移動していました。両者の関係は、融和的だった続縄文人と古墳社会の人びととは異なり、緊張をはらんだものだったのです。

ただしオホーツク人の土器は、続縄文人の拠点地域であった道央の石狩低地帯（日本海側の札幌市から太平洋側の苫小牧市にかけて広がる低地）でもわずかながら出土しています。また余市町大川遺跡では青銅製耳飾り、小樽市蘭島《らんしま》遺跡D地点では玉髄《ぎょくずい》製耳飾りなど、オホーツク人の手を経てもたらされたとみられる大陸産品が出土しています。両者の交流がまったくなかったわけではなく、強い緊張をはらみながらも全面的に対立する状況ではな

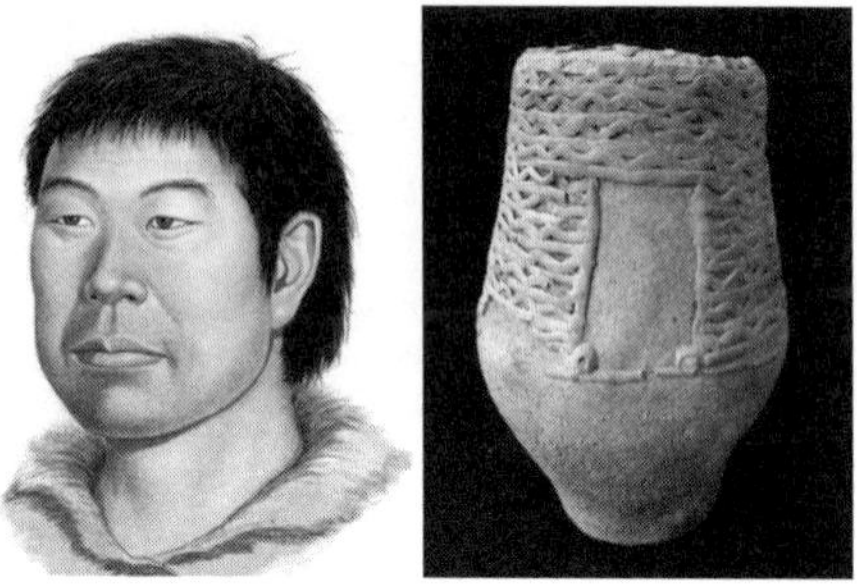

オホーツク人とオホーツク土器
左：国立歴史民俗博物館（2000）原図。右：利尻町亦稚貝塚出土。利尻町立博物館提供。

かったようです。

　では、オホーツク人が北海道へ南下してきた理由は何だったのでしょうか。

　オホーツク文化の遺跡から出土するクロテンの遺体には、儀礼的なとりあつかいがみられます。また骨角製のラッコの彫刻も出土します。そこで、オホーツク人はクロテン毛皮をもとめて北海道へ南下し、その後、千島列島を北上していく過程で、同地に生息するラッコの毛皮も大陸へ移出していたとされます（大塚二〇〇三）。ちなみに中国側史料によれば、七世紀には流《りゅ》鬼《うき》とよばれる集団が唐に朝貢しましたが、この流鬼はオホーツク人と考えられており、かれらは朝貢にあたってクロテンの毛皮を献上しています（菊池二〇〇九）。

　この大陸との関係のほかに、オホーツク人の南下をめぐってもうひとつ注目しなければならないのは、かれらも続縄文人と同様、古墳社会との交易をもとめていたとみられることです。

†古墳社会との接触

六世紀になると、続縄文人と古墳社会の交易は、東北北部太平洋沿岸を拠点とする交易体制に移行したとのべました。

この六世紀から七世紀にかけて、オホーツク人は道北から遠く離れた道南日本海側の奥尻島に集落を設けます。かれらは道北からやってきて夏のあいだ奥尻島にとどまり、冬になるとまた道北に戻ったようです。いずれにしても道南は続縄文人の領域だったのですから、オホーツク人が道南に拠点を設けたことは、両者の均衡を破る出来事にほかなりませんでした。

では、オホーツク人はなぜ道南に進出してきたのでしょうか。

実は、オホーツク人の土器は本州でも発見されています。下北半島の青森県むつ市瀬野遺跡、八戸市から近い岩手県の軽米町大日向《かるまいまちおおひなた》Ⅱ遺跡でみつかった土器は、いずれもオホーツク人が奥尻島に拠点を構えていた六〜七世紀代の土器です（高木ほか二〇一五）。オホーツク人は、古墳社会の人びととの交易をもとめ、日本海側の奥尻島から津軽海峡を回りこみ、東北北部の交易拠点を訪れていたのです。

このことを証する資料はほかにもあります。東北北部太平洋側と北海道の遺跡でいくつか出土しているロシア沿海州産の錫製耳輪がそれです。これはオホーツク人がもちこんだものとみられます。

さらにオホーツク人は、日本海側の古墳社会の交易拠点も訪れようとしていたようです。

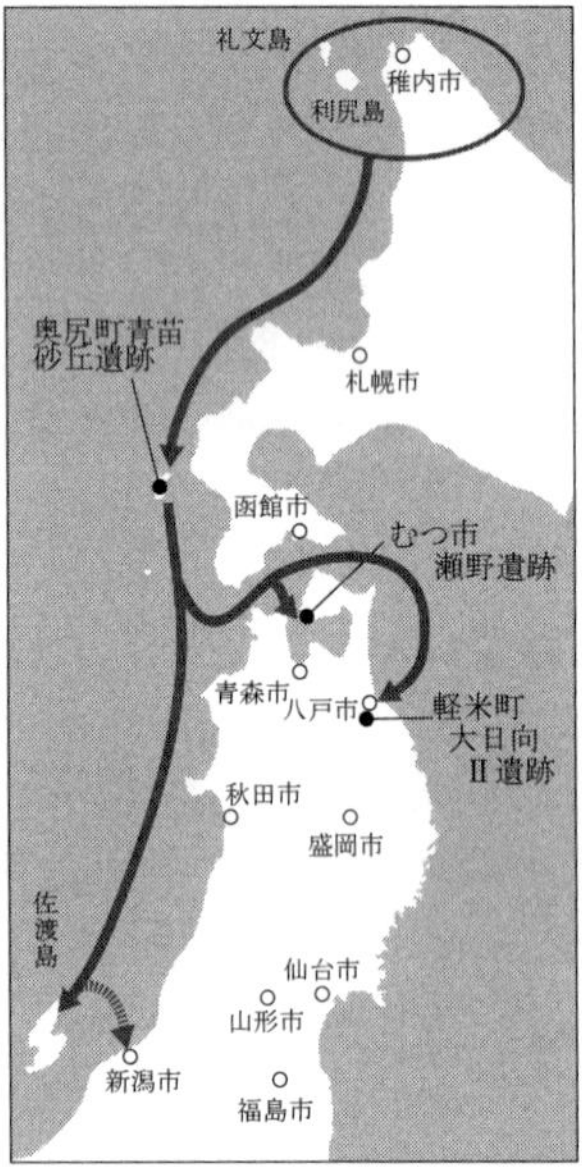

オホーツク人の南下
6〜7世紀。

『日本書紀』五四四年の記事は、佐渡島の北にある御名部《おなべ》の海岸に粛慎《あしはせ》という人びとが船で来着し、魚を捕りながらそこにとどまったと伝えています。この粛慎は、あとでのべるようにオホーツク人と考えられます。魚を捕りながら海辺にとどまったというのも、漁撈民であったオホーツク人を彷彿させます。

この佐渡島の対岸の新潟市周辺は、四世紀以降、続縄文人が交易のため南下していた日本海側の「中間地帯」でした。新潟市南赤坂遺跡では続縄文土器と古墳文化の土師器が混在して出土しています。佐渡島に来着したオホーツク人も、この「中間地帯」を訪れようとしていたにちがいありません。

新潟は、四世紀には胎内《たいない》市城《じょう》の山《やま》古墳、五世紀には新潟市菖蒲塚《あやめづか》古墳がつくられました。続縄文人との「中間地帯」のなかに、日本海側では最北の前方後円墳である菖蒲塚古墳がつくられ、太平洋側では最北の前方後円墳である奥州市角塚古墳がみられる事実は、これらの古墳に葬られた人物の性格を考えるうえで大きな意味をもつものです。

六世紀のオホーツク人の本州進出にともなって、道北や道東のオホーツク人の遺跡では六世紀以降、直刀《ちょくとう》など本州の鉄器が出土するようになります。しかし、続縄文人が本州との交易によって五世紀にはほぼ鉄器化を遂げていたのにたいして、オホーツク文化の石器が一掃されることはありませんでした。オホーツク人は鉄器を強くもとめていたものの、異文化性の強いかれらと本州の交易は、続縄文人のようにはいかなかったようです。

✝王権の北海道遠征

オホーツク人が古墳社会との交易をもとめ、道南の続縄文人の領域に進出したことは、両者の緊張関係を一気に先鋭化させることになったにちがいありません。

そのこととかかわって注目されるのが、王権のおこなった北方遠征です。六六〇年、越《こしの》国守《くにのかみ》の阿倍比羅夫《あべのひらふ》は二〇〇艘の船団を率いて日本海を北上しました。『日本書紀』は次のように伝えています。

比羅夫は、陸奥のエミシを自分の船に乗せ、大河のほとりまできた。渡嶋《わたりしま》のエミシ一〇〇〇人あまりが対岸の川べりに駐屯しており、「粛慎の船軍が多数来襲し、われわれを殺そうとするのでお仕えしたい」といった。比羅夫が粛慎の隠れ場所と船の数をたずねると、渡嶋のエミシは隠れ場所を指さし、「船は二〇艘あまりです」といった。

そこで比羅夫は粛慎に使者を送り、海辺に絹や武器、鉄などを積み上げて接触をはかった。粛慎は鳥の羽を木に掛けたものを旗とし、船を連ね、棹をそろえてやってきたが、接触に失敗し、弊賂弁嶋《へろべのしま》で柵にたてこもって戦った。この戦いで能登臣馬身龍《のとのおみのまむたつ》が戦死し、粛慎は敗れて自分たちの妻子を殺した。

この渡嶋のエミシや粛慎とは、いったいだれだったのでしょうか。諸説ありますが、私は次のように考えています。

比羅夫が陸奥のエミシ（東北地方の住民）を船に乗せ、渡嶋へ向かったのは、通訳や案内をさせるためだったとみられます。このことは、渡嶋のエミシと東北地方の人びとが深く交流していたことを示しています。

大河のほとりに一〇〇〇人も集まっていた渡嶋のエミシは、渡嶋におけるマジョリティでした。一方、粛慎がいたのは渡嶋の本島ではなく、そこからみえる島でした。さらにその島は「隠れ場所」であり、かれらの本拠地というわけではありませんでした。

粛慎は渡嶋のエミシに危害を加えています。両者は対立的な関係だったのです。

比羅夫が浜辺に鉄や絹を積み上げたのは、相手と対面せず物々交換をおこなう「沈黙交易」を意味していますが、粛慎はこのような沈黙交易によらなければ接触しがたい、異文化性のきわめて強い人びとでした（沈黙交易については第5章「アイヌの縄文思想」でのべます）。

以上の渡嶋のエミシと東北地方の住民の関係は、これまでのべてきた続縄文人と古墳社会の人びととの関係そのものであり、渡嶋のエミシと粛慎の関係は、続縄文人とオホーツク人の関係そのものであることが理解していただけるのではないでしょうか。

比羅夫が到達した渡嶋は北海道、そこで救援をもとめた渡嶋のエミシは続縄文人、かれらに危害を加えていた粛慎はオホーツク人と考えられます。

†なぜオホーツク人を討ったのか

では、オホーツク人が隠れ場所としていた弊賂弁嶋とはどこでしょうか。

これは、六世紀以降オホーツク人が日本海南下の拠点としていた奥尻島以外ありえません。奥尻島の南端には、オホーツク人の集落である青苗《あおなえ》砂丘遺跡が確認されています。

奥尻島は北海道本島から島影がはっきりみえます。比羅夫に指をさして島を示したといという記述と矛盾しません。さらにオホーツク人は奥尻島に年間を通じて住んでいたわけではないではないので、そこは本拠地ではなく、まさに「隠れ場所」だったのです。

粛慎は、比羅夫と戦うため「柵」にたてこもったとされますが、奥尻島の北端にはオホーツク人の砦跡とみられる宮津《みやつ》チャシ跡があります。これは海中に屹立する標高三〇メートルの岩山で、その山頂平坦面からオホーツク土器がみつかっています。退路はないため、敗れた粛慎が妻子を手にかけたとされるのもうなずけます。

弊賂弁嶋が奥尻島だったとすると、エミシが集まっていた「大河」とはどの川でしょうか。「大河」という言葉に引きずられ、従来はこれを石狩川とする説が優勢でした。しかし石狩川の河口近くに島はありません。そのため、島とは石狩川の中洲だったとする説も唱えられましたが、これはかなり苦しい解釈といわなければなりません。

奥尻島と本島をむすぶフェリーが発着するせたな町には、渡島半島最大の流域面積をもつ後志利別川《しりべしとしべつがわ》があります。この河口には南川遺跡など続縄文時代の大規模な遺跡が確認されています。「大河」は後志利別川と考えてよいでしょう。

ところで、比羅夫はなぜ北海道にやってきてオホーツク人と戦ったのでしょうか。王権の大船団がたまたま北海道に来着し、そこに偶然居合わせた続縄文人に懇願されたため、やむなくオホーツク人と戦うことになった、と考えることはできそうもありません。

比羅夫はこの遠征の前の六五八年、一八〇艘の船団を率いて日本海を北上し、齶田《あぎた》（秋田）・渟代《ぬしろ》（能代）のエミシと戦っています。その際、有間浜《ありまのはま》（青森県十三湖か）に渡嶋のエミシを召し集め、大いに饗応して帰りました。比羅夫は続縄文人から北海道の情報、とくにオホーツク人の動向を聴きとったにちがいありません。

かれは同じ年に粛慎とも戦い、生きたヒグマ（子グマか）二頭とヒグマ皮七〇枚をもちかえっています。さらに翌年も粛慎と戦って四九人を捕虜にしています。比羅夫は執拗に

阿倍比羅夫の北航ルート
中：奥尻島から北海道本島をのぞむ。下：オホーツク人の砦跡である奥尻島宮津チャシ。

オホーツク人を狙い撃ちしていたのです。

これらの記事はすべて六六〇年の遠征の内容だったとする説もあります。たしかにその可能性はありそうですが、いずれにしても大船団を率いた王権の遠征が、事前の情報収集もなく無計画におこなわれたわけがありません。比羅夫はあらかじめ東北地方や北海道の情報を収集していたはずであり、オホーツク人を討ったのも、それが遠征の当初の目的だったからにちがいありません。

興味深いことに奥尻島のオホーツク人の集落は、この比羅夫の遠征と同時に姿を消してしまうのです。

†毛皮をめぐる北方世界の混乱

比羅夫が戦利品としてもちかえった七〇枚もの大量のヒグマ皮は、オホーツク人が交易のため東北北部の交易拠点に持参しようとしていたものでしょう。比羅夫のオホーツク人掃討は、かれらの交易活動を阻害することになったのであり、そもそものこと自体が遠征の目的だったと考えられます。

比羅夫が続縄文人に加勢し、オホーツク人を排除したのは、オホーツク人の本州南下が続縄文人の交易の障害になっていたからにちがいありません。遠征は、オホーツク人の南下を排除することによって、北方交易の安定をはかることが目的だったといえそうです（蓑島二〇〇一・天野二〇〇三）。

遠征のもうひとつの目的は、続縄文人と東北北部の人びとのあいだでおこなわれていた交易を王権の管理下に置くことです。

当時、本州中央ではヒグマの毛皮が珍重されていました。『日本書紀』の六五九年記事には、高麗画師《こまのえし》子麻呂《こまろ》が高麗からの使人をもてなすため、屋敷に敷くヒグマ皮七〇枚を官から借りたとあります。また六八五年の記事には、天皇が皇太子以下諸王卿《おうけい》四八人にヒグマ皮とカモシカ皮を下賜したとあります。外賓に国威を示し、内部の秩序を保つうえでも、北方世界の毛皮は不可欠なものとなっていたのです。

王権にとって一種のレガリア（王権の支配を象徴する物品）になっていた毛皮は、したがって自由に流通してはならないものであり、王権が管理下において統制すべきものでした。ところが、毛皮をはじめとする北方世界の産物の流通をコントロールしていたのは、エミシとよばれていた東北北部の、とくに太平洋沿岸の人びとでした。

東北北部へ進出した古墳社会の人びとの子孫であるエミシは、王権の支配に従おうとしませんでした。そこには続縄文人との交易の利権が強くかかわっていたとおもわれます。王権は、この敵対的なエミシを介さず直接北方交易をおこなう必要があったのです。

そこで、日本海ルートでの国家管理交易を実現するために派遣されたのが、比羅夫の船団だったといえるのではないでしょうか。比羅夫は、続縄文人を饗応して王権の側にとりこみ、オホーツク人を討つことによって日本海交易の障害をとりのぞくとともに、続縄文人に圧倒的な武力を示威することができたのです。

このような王権による北方世界への介入こそが、次章でのべるように王権の支配に抗う東北北部のエミシ社会に混乱をもたらし、北海道において擦文《さつもん》文化という新たな文化への移行をもたらす契機となったのです。

第3章

商品化する世界

――擦文時代（奈良・平安時代）

1　本州からの移民

†商品化する世界

弥生時代から古墳時代の北海道は、本州の人びとやサハリンから南下してきたオホーツク人との関係をめぐって社会が流動化したことをのべてきました。北海道の縄文人の末裔は、民族的世界のうねりにとりこまれていくことになったのです。

そのうねりは交易がもたらしたものですが、北海道の社会が交易に特化して大きく変貌を遂げ、人びとが交易民としての土台を確立していくのは、本章でのべる擦文《さつもん》時代のことです。交易もする狩猟採集民から、狩猟採集もする交易民に変貌し、かれらの世界が「商品」に強く傾いていった時代が擦文時代ということができるのです。

北海道を二分し、交易をめぐって対立や競合の関係にあったオホーツク人は、交易民としての成長をめざす擦文時代のアイヌの祖先（擦文人）によって排除されていくことになります。

このオホーツク人との関係は、擦文人にとって大きな意味をもっていました。擦文時代からその後のニブタニ時代にかけて、人びとはサハリンや千島列島へ進出して活発な交易を繰り広げることになりますが、それはオホーツク人が展開していた地域そのものでした。擦文人の交易民としての成長は、オホーツク人を踏み台とし、かれらの交易利権をそっくり奪いとることにほかならなかったのです。

ところで、擦文文化の成立には本州から移住してきた人びとが深くかかわっていました。まずはその移住者と擦文人の関係についてみていくことにしましょう。

†北海道へ移住する人びと

七世紀には阿倍比羅夫の大船団による北海道遠征がおこなわれたとのべました。この遠征は、続縄文人との直接交易をめざす王権が、東北北部のエミシを頭越しにして日本海ルートの交易体制を確立しようとするものでした。

実際その目的は達せられ、遠征後の八世紀前葉には現在の秋田県秋田市に国家の出先機関が設けられ、それはその後、秋田城とよばれるようになります。その役割は北方世界との交流の窓口であり、北海道との交易もそこへ集約されていくことになりました。

ところで、比羅夫遠征直後の七世紀後葉、東北北部太平洋側の人びとは道央へ進出していきました。かれらは東北北部へ進出した古墳社会の人びととの子孫であり、その後は国家の支配に抗してエミシとよばれていました。

かれらは太平洋側の苫小牧市方面から上陸し、内陸の千歳市、恵庭市、江別市、さらに札幌市へと日本海側へ向かって進出していきます。この苫小牧市から札幌市にかけての地域は石狩低地帯とよばれています。

石狩低地帯は当時、続縄文人の拠点となっていました。道北と道東はオホーツク人の影響下にあり、続縄文人の姿はまばらです。東北北部太平洋側の人びとが進出したのは、その拠点地域だったのですから、続縄文人とのあいだで対立が生じていたとおもわれるかもしれませんが、実態はそうではありませんでした。

両者はひとつの地域のなかで暮らしており、融和的な関係をみせています。それは四世紀の仙台平野、五世紀の北上盆地などでみられた古墳社会の人びとと続縄文人が混住する「中間地帯」が、北海道へ押し上げられたようにみえます。

では、東北北部太平洋側の人びとは、なぜ北海道に移住したのでしょうか。

北海道との交易を担ってきたかれらにとって、その交易が比羅夫の遠征によって日本海ルートで国家に集約されていく状況は、きわめて深刻な意味をもっていました。かれらの北海道移住は、国家に対抗して続縄文人との交易を確保し、続縄文人を東北北部太平洋側につなぎとめるものだったのです。

雑穀栽培をおこなう移住者は、狩猟採集の続縄文人と生業が競合することもありません。両者は交易の利害も一致しており、同一地域で共存することが可能だったのです。

この移住と同時に、道北や道東のオホーツク文化の遺跡では、東北北部太平洋側を中心に流通していた蕨手刀《わらびてとう》が多く出土するようになります。移住者は、比羅夫の遠征によって排除されたオホーツク人もとりこみながら交易をおこなっていたようです。

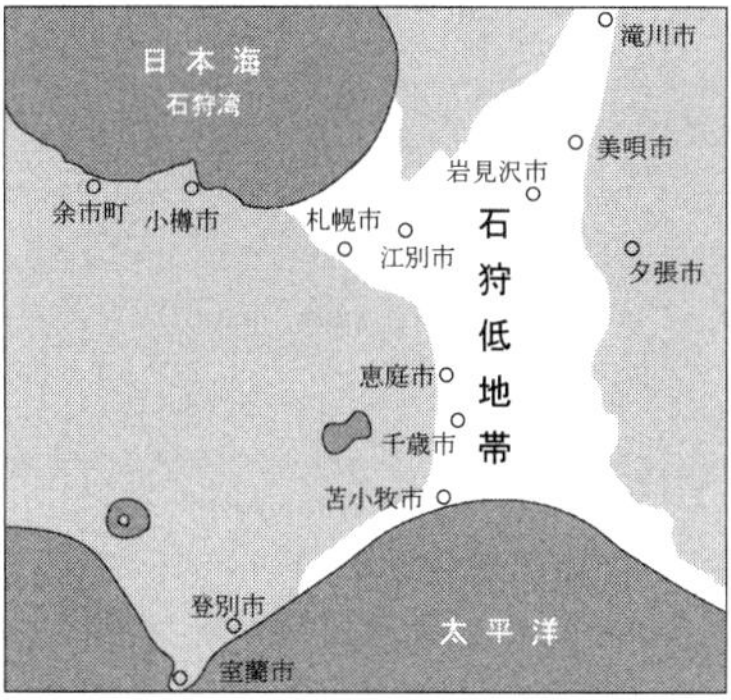

石狩低地帯のおもな都市

ただし北海道でも日本海沿岸の人びとは、秋田城を拠点とする国家との交易をおこなっていました。八〜九世紀の北海道に、秋田産の須恵器が日本海ルートで流通していた事実は（鈴木二〇一五）、移住者が日本海沿岸の人びとまでとりこむことができなかったことを示しています。

日本海側の札幌市まで移住者は進出したといいましたが、札幌は日本海沿岸のグループには属していなかったとみられます。たとえば、一〇世紀中葉以降に地域性が明確化する擦文土器をみると、札幌で出土しているのは道南の噴火湾から日高にかけてみられる太平洋沿岸の土器です。日本海側の札幌は太平洋沿岸のグループに属していたようです。

激変する文化

移住者は、続縄文人の文化にきわめて大きな影響をおよぼしました。

続縄文人の住居は、当時の本州と同じカマドをもつ竪穴住居になりました。カマドは古墳時代に朝鮮半島から日本へ伝わったものです。土器は文様をもたない本州の土師器とうりふたつになります。

本州と同じ糸紡ぎの紡錘車《ぼうすいしゃ》もみられるようになりますが、これは近世アイヌにうけつがれていた原始的な地機《じばた》織りの技術と一体で伝わったものでしょう。近世アイヌの柄が外反りになる刀子は、日本の古墳時代から奈良時代の刀子と同じ特徴をもっており、これも移住者の刀子の形式が近世までうけつがれたものとおもわれます。

アワ、キビ、ヒエ、コムギ、オオムギなどの農耕がおこなわれるようになり、鎌など鉄製農具も普及します。近世アイヌの農耕文化には、弥生時代の銅鐸に描かれたのと同様な脱穀具の竪杵《たてぎね》と臼、高床の貯蔵庫のほか、石包丁を模した貝製の穂摘具《ほつみぐ》など、古代日本的な農具や農業施設がみられます。これらも農業文化複合として移住者が伝えたものが近世まで伝わったのでしょう。

　アイヌ語の祭祀関係の言葉は、大半が古代日本語からの借用語です。それはカムイ（神）、タマ（魂）、ノミ（祈む）、オンカミ（拝み）、ヌサ（幣）、タクサ（手草）、シトキ（粢）など神観念、祭具、神饌のすべてにおよんでいます。宗教という精神文化の中核を受容するにあたっては、古代日本の祭祀に通じた人びととの、直接的で濃密な交流を想定しなければなりません。これも移住者が伝えたものとみられます。

擦文土器
千歳市ユカンボシC15遺跡出土。9世紀。北海道埋蔵文化財センター提供。

　千歳市祝梅《しゅくばい》三角山D遺跡、同丸子山遺跡、札幌市H519遺跡、同C504遺跡など移住者の集落では、本州で祭祀具とされている土製勾玉と土玉《どだま》がみつかっています。かれらは北海道で古代日本の祭祀をおこなっていたのです。

　移住者がもたらしたのは、農業、祭祀、言語、日常の生活文化にまでおよぶ古代日本文化そのものでした。このことは、移住者の本拠地であった東北北部の人びとが国家の側からエミシとよばれ、その差異が強調されていたにもかかわらず、実態としては古代日本文化そのものを身につけた人びとだったことを意味しているのです。

このような古代日本文化の影響を強く受けた、七世紀後葉以降の奈良・平安時代に並行する文化を擦文《さつもん》文化とよんでいます。

†消えてしまった遺体

擦文文化になると、葬制にも大きな変化が生じました。墓や墓地が消えてしまったのです。

擦文文化の墓がみつからないことが注意されたのは、五〇年以上も前です。擦文時代には遺体を野ざらしにする風葬がおこなわれていたため、墓がみつからないのではないか、という説も唱えられました。しかしほとんどの研究者は、発掘調査が進展すれば墓はそのうちみつかると考えていました。

ところがそれから半世紀経ち、擦文時代の遺跡が数多く調査された現在でも、わずかな墓が確認されたにすぎません。これは北海道考古学の謎のひとつなのです。

実は、擦文時代に並行する平安時代には、本州でも庶民のあいだで風葬や遺棄葬がおこなわれており、そのため墓がみつかりません。擦文人はこの影響を受け、風葬や遺棄葬を

擦文時代の集落
北見市常呂遺跡（部分）。10～13世紀。東京大学考古学研究室（1972）原図。

おこなっていた可能性がありそうです。それが具体的にどのようなものだったのか、考えてみることにしましょう。

第4章「グローバル化する世界」でのべるように、一六四三年に北千島のウルップ島を訪れたオランダ東インド会社の船員は、アイヌの小さな家のなかに人骨が横たわっており、家のかたわらに立つ一本の杭に刀が吊り下げられていたと報告しています。これは家のなかに遺体を安置し、刀を副葬品として杭に吊るしたものだったとみられます。近世のサハリンアイヌの場合も、遺体を住居に安置し、そのまま放棄することがしばしばおこなわれていました（ピウスツキ一九九九）。

サハリンや北千島というアイヌの周縁地域で近世になってもみられた、住居内に遺体を安置するこのような葬法は、擦文時代からの伝統だったのかもしれません。

というのも、擦文時代の根室市穂香《ほにおい》遺跡では、竪穴住居の壁際の寝床で五〇点ほどのガラス玉などがみつかっています。これは寝床に安置した遺体の副葬品とみられます。さらに、これまで発見されている擦文時代の墓は、いずれも竪穴住居のなかに掘りこまれています。これは墓と住居の強い関係を物語るものです。

私も竪穴住居に掘りこまれた墓を調査したことがあります。旭川市旭町《あさひまち》1遺跡の墓は、壁際の寝床に掘りこまれていました。三個の土器を壊し、大きな破片は墓のうえに置き、小さな破片はかきあつめてカマドのなかに入れていました。葬儀がおこなわれる直前まで住居が使用されていたようです。被葬者はその家の住人だったとみられます。

千歳市末広遺跡でみつかった墓は、二メートル四方のミニチュアの竪穴をつくり、そのなかに墓穴を掘りこんでいます。北見市常呂川河口遺跡では、オホーツク人が廃棄した竪穴住居跡のなかに擦文人の墓穴が五基掘りこまれていました。これらは、死者を葬る住居を「代用住居」に代えたものといえるのではないでしょうか。

墓穴を掘らない葬法が一般的だった擦文時代にあって、少数の遺体が墓穴に埋葬されていた理由はわかりませんが、近世アイヌは死亡の原因によって葬法を変えることがありました。そのような理由も考えられそうです。

ところで、擦文時代の人びとが遺体を住居に安置し、そのまま放棄していたとすれば、当時は竪穴住居が次々つくられることになったのではないでしょうか。

実は、擦文文化の特徴のひとつは莫大な数の竪穴住居跡です。道北の日本海沿岸やオホーツク海沿岸には、数百から数千の竪穴住居跡からなる大集落が多数みつかっています。これらの集落の存続期間は最大でも二〇〇〜三〇〇年ほどです。そのなかでこれほど多くの竪穴住居跡が残されたのはなぜか。これも北海道考古学の謎のひとつなのです。

道東や道北では、当時の竪穴住居が今なお埋まりきらず深い穴をみせています。そしてそれらは遺跡のなかを歩き回るのが困難なほど近接して密集しています。もしみなさんが遺跡を訪れることがあれば、深い穴だらけの足の踏み場もない集落で、当時の人びとがどのように生活していたのか、首を傾《かし》げるにちがいありません。

このような異様な状況を産みだしていたのは、当時の葬法だったのかもしれません。さらに住居を墓とすることは、死者の住居にたいするケガレの観念もかかわっていたとみられます。近世の北海道アイヌは、死者を墓地に埋葬したあと、ケガレを祓《はら》うためその死者が出た家を焼き払っていたのです。

†死者を守る呪術

住居内に遺体を安置していたことを示唆する事実はもうひとつあります。

厚真町《あつまちよう》オニキシベ4遺跡の擦文時代末の平地住居では、入口付近で石英やメノウを打ち割った破片が一〇〇点以上みつかっています。また旭川市神居古潭《かむいこたん》1遺跡と美深町《びふかちょう》楠《くすのき》遺跡の竪穴住居でも、入口付近で打ち割られた黒曜石の破片が多数みつかっています。

擦文時代にはすでに石器は使われていないので、これは擦文時代における発火技術を示すものと考えられています。たしかに石英、メノウ、黒曜石は、鉄片を打ちつけて火花を飛ばすのに用いられる石材です。それらは火打ち石とみられます。しかし、発火自体が目的だったのであれば、火打ち石をばらばらに砕く必要はありません。

日本の神道では、邪悪なものを避けるため切り火祓いをおこないます。擦文時代の住居でおこなわれた火打ち石の儀礼も、このような呪術的な意味をもつものだったとおもわれます。さらに擦文人が火打ち石を破砕したのは、ばらばらに砕いた火打ち石のかけら自体が、魔を祓う意味をもつと考えていたからにちがいありません。

たとえばサハリン先住民のニヴフは、遺体を家から運びだしたあと、悪霊がひきかえしてこないよう玄関の土間に火打ち石のかけらを埋めこんでいました(加藤一九八六)。

擦文時代の住居の入口で破砕儀礼がおこなわれていたのも、魔物の侵入を防ぐためだったと考えられます。ただし、入口に打ち割った石片をばらまいてしまえば、その住居に住み続けることはできません。破砕儀礼は住居を放棄する際におこなわれたことになります。

では、放棄する住居であるにもかかわらず、なぜ魔物の侵入を防ぐ呪術がおこなわれたのでしょうか。それは、その空き家がたんなる空き家ではなく、守るべき実体を内部にもっていたからにほかなりません。そしてその実体こそ、住居のなかに安置された遺体だったのではないでしょうか。

2　交易民としての成長

†拡大する社会

移住者の遺跡は、九世紀代になるとみられなくなります。移住者は擦文人に同化してしまったようです。

この同化とかかわって興味深いのは、最新の遺伝子研究によって、アイヌの祖先集団と本土人の混血した時代が七世紀頃と推定されていることです（Jinam et al. 2015）。これは東北北部から北海道へ移住がはじまった時代と一致しています。

九世紀になると擦文人の土器も変化します。それまでの土師器とうりふたつの、文様をもたない土器ではなく、次第に濃密な文様を施した土器に変わっていくのです。その文様

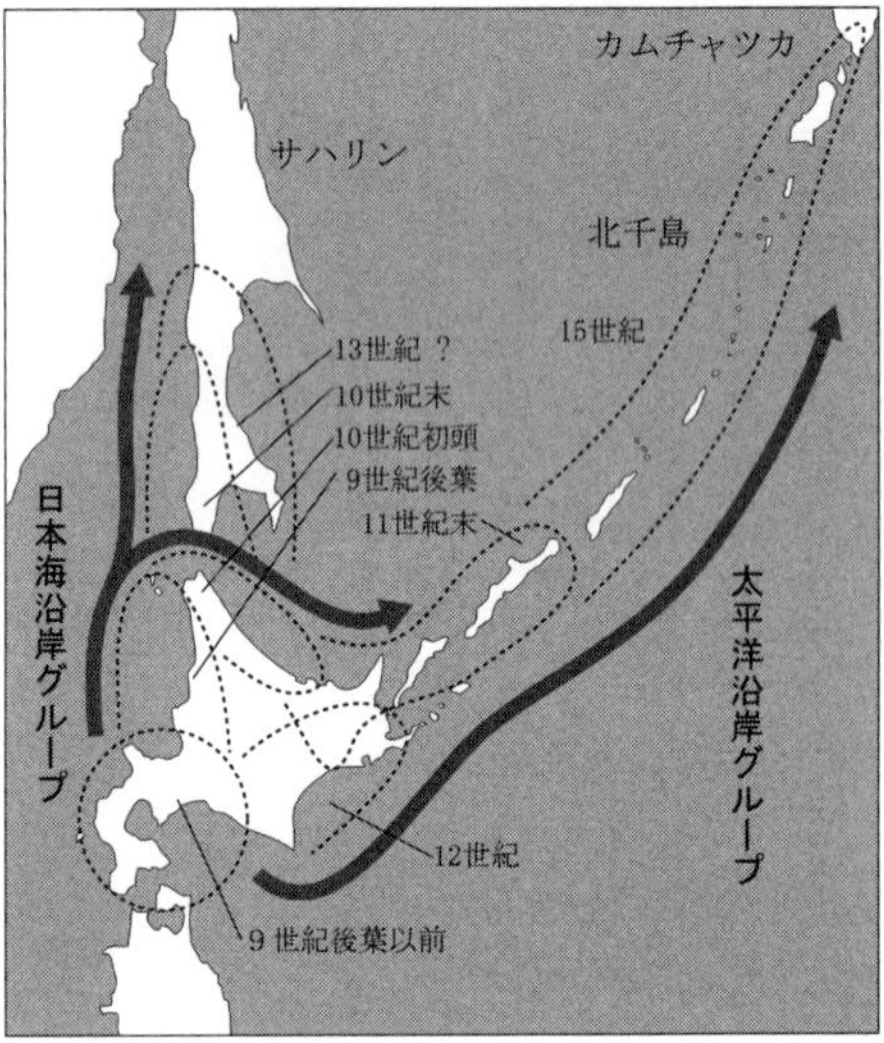

拡大するアイヌ社会
9世紀後葉以降、アイヌはオホーツク人が占めた道北、道東、千島、サハリンへ進出した。

は縄文ではありませんが、土器が文様によって意味や物語を帯びるという点では、失われた縄文伝統への先祖返りにほかなりませんでした。これは縄文アイデンティティの復権といえるかもしれません。

さらに九世紀後葉になると、それまで道央以西にいた擦文人はオホーツク人が占めていた道北と道東へ進出していきます。

かれらはまず、内陸では石狩川中流域の空知平野北端と上川盆地、さらに日本海を伝って北海道北端の稚内市まで北上し、各地に集落を設けました。

これらの地域に進出したのは、土器からみると太平洋沿岸グループに属していた石狩低地帯の人びとではなく、余市町や小樽市などに中心をもつ日本海沿岸グループの人びとでした。石狩川中流域への進出も、札幌市や江別市など太平洋沿岸グループの勢力圏であった石狩川下流域を経由するのではなく、日本海沿岸の留萌《るもい》市方面から峠を越え、直接中流域へ進出したようです。

その後も日本海沿岸グループの拡大はとどまることなく、一〇世紀初頭には道東オホーツク海沿岸、一〇世紀末にはサハリン南部西海岸へ進出していきます。さらに一一世紀末には飛び地的に道東太平洋沿岸の釧路市にも進出します。

一方、太平洋沿岸グループは一二世紀には道東の太平洋沿岸へ進出します。かれらは一五世紀には北千島からカムチャツカまで進出していきました。

九世紀後葉にはじまった擦文社会の拡大は、日本海沿岸グループと太平洋沿岸グループが競合する形で展開していきました。そして、その結果成立したそれぞれの勢力範囲は、近世には西蝦夷地（日本海・オホーツク海沿岸）と東蝦夷地（太平洋沿岸）とよばれることになるのです。

このような地域展開は、アイヌ語地名からも読みとることができます。

アイヌ語には川を意味する言葉としてナイとペツがあります。このうちナイは、日本海沿岸グループが進出した日本海沿岸と道東オホーツク海沿岸に濃密に分布し、奥地のサハリンではナイ地名しかみられません。これにたいしてペツは、太平洋沿岸グループが進出した太平洋沿岸に濃密に分布し、奥地の北千島ではペツ地名しかみられません。

このような分布をみせるのは、九世紀後葉にはじまった擦文社会の拡大以前から、日本海沿岸グループが川をナイとよび、太平洋沿岸グループがペツとよんでいたからにほかなりません。私は、縄文時代には川はナイとよばれていたものの、東北地方太平洋側へ進出した太平洋沿岸グループの続縄文人のなかでペツの語が成立し、その後ナイとペツが異なる地域展開をみせることになったと考えています（瀬川二〇一五）。

内陸の漁民

では、各地に勢力を拡大していった擦文人の目的は何だったのでしょうか。

各地に成立した集落をみると、この進出が擦文人の明確な意図のもとでおこなわれたことがわかります。それは交易品の生産と流通体制の確立です。各地の実態をみていくことにしましょう。

石狩川中流域に進出した人びとは、サケ漁の拠点に集落を構え、活発にサケ漁をおこないました。

サケ漁は縄文時代からおこなわれていましたが、サケが遡上する地域であればどこでもサケ漁がおこなわれていたわけではありません。縄文時代のサケ漁は、生業のひとつの選択肢にすぎませんでした。そもそも食糧生産という意味では、大型の海獣や陸獣などが豊富な北海道で、サケ漁に特化する理由はなかったといえます。ところが九世紀後葉以降、石狩川中流域だけでなく、石狩低地帯をふくむ石狩川水系全体の人びとがサケ漁に特化していくことになったのです。

石狩川はかつて日本列島最大のサケ遡上量を誇った川です。遡上するサケの産卵場は豊富な湧水のある場所に成立しますが、石狩川水系には豊富な地下水を蓄えた大規模な扇状地が、上川盆地、札幌市、千歳・恵庭市の三つの地域にあります。そして、この三つの地域がサケの産卵場地帯となっており、莫大な量のサケが遡上していたのです。

九世紀後葉以降、石狩川水系の集落はこの三つの産卵場地帯に集中します。扇状地の扇端の各所で湧いた地下水は池をつくり、そこから流れでた小川が石狩川に注ぎます。集落はこの小川の横に設けられており、発掘調査をすると小川の跡からは例外なくサケの遡上止め漁場の跡がみつかります。さらに、竪穴住居のカマドからは大量のサケの骨が出土します。

これと同時に石狩川水系では、三つの産卵場地帯以外の地域はほとんど無人になります。たとえば、地形や水質の関係でもともとサケが遡上していなかった富良野盆地や雨竜《うりゅう》川流域でも、縄文時代の遺跡は多数みつかっています。ところが擦文時代以降、そこは無人の

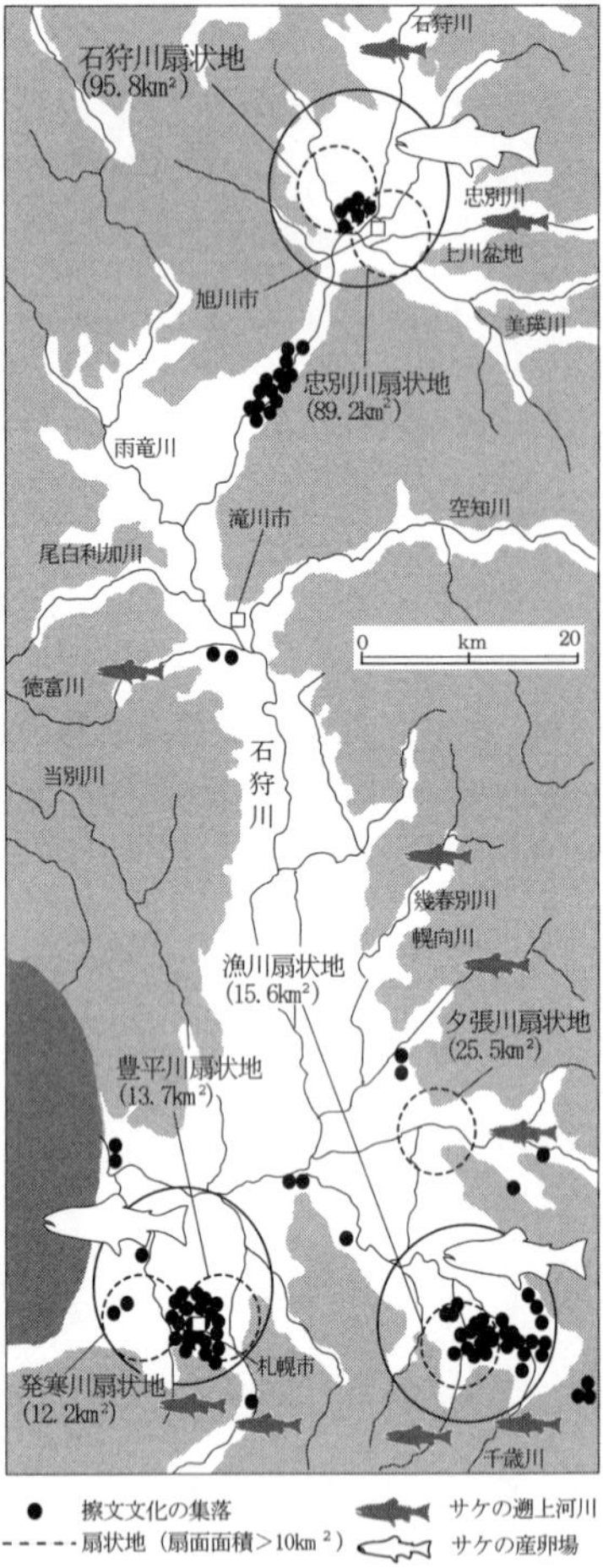

石狩川水系の擦文文化の集落とサケ

地になってしまうのです。

近世の石狩川水系のアイヌをみると、やはりこの三つの産卵場地帯を占めていました。かれらは活発にサケ漁をおこない、本州へ大量のサケを出荷していました。つまり、九世紀後葉にはじまったサケ漁への特化は、本州とのサケ交易のはじまりを意味していると考えられるのです。

ただし、近世アイヌは全道各地でサケを出荷していましたが、擦文時代の段階では九世紀後葉に石狩川水系、遅れて一二世紀に日本海側の天塩川水系で出荷がはじまったものの、それが道東まで拡大することはありませんでした。

ところで、擦文時代にサケ漁がおこなわれていたのは内陸だけです。沿岸部の集落で活発なサケ漁の痕跡は確認できません。それは近世アイヌの場合も同じです。それがなぜかといえば、沿岸部で捕獲されるサケは脂肪が多く酸化しやすいため、塩を用いなければ保存が困難で、本州へ出荷することができなかったからです。産卵場まで遡上したサケは脂肪がほとんどなく、天日で干し、屋内で燻すだけで長期保存することが可能でした。さらに産卵場に遡上したサケは、遡上止めを用いて容易に大量捕獲することができたのです。

明治時代はじめの上川盆地のアイヌは、サケを年間九万尾捕獲していました。戸数は七〇戸ほどで、一戸あたりでは一三〇〇尾になります。ただし、当時は和人が河口で捕獲したサケを塩漬けにして本州へ出荷しており、また和人の漁によって上流へのサケの遡上は激減していました。和人がサケ漁をおこなう以前には、アイヌはさらに多くのサケを出荷していたとおもわれます。

擦文時代の上川盆地でも、集落全体で万の単位のサケが出荷されていたのはまちがいありません。日本側史料に北海道のサケ製品の記事がみえるようになるのは中世以降ですが、すでに九世紀後葉には、交易相手であった東北北部の庶民のあいだに、安価なタンパク源として石狩川産サケが流通していたとおもわれます。

†オオワシを追う人びと

一〇世紀になると、本州ではオオワシの尾羽《おばね》が矢羽として珍重されるようになりました。オオワシ尾羽にかんする記事は、一〇世紀の『西宮記《さいきゅうき》』や『宇治拾遺物語《うじしゅうい》』、一一世紀の『新猿楽記』などに頻出するようになります。

このうち『新猿楽記』をみると、交易のため北は蝦夷の地から南は喜界島まで往来する商人が登場します。かれの取扱品目は、金、銀、銅、錫、真珠、水晶、ガラス器、ヤコウガイ、サイの角、香料のジャコウなど日本、南島、大陸の稀少な産物です。そのなかにオオワシ尾羽がみえます。オオワシ尾羽はこれらに比肩する宝だったのです。伊勢神宮で二〇年ごとの式年遷宮のたびにおさめられる神宝でも、オオワシ尾羽の矢は欠かせない宝となっているのです。

ちなみに正倉院御物《しょうそういんぎょぶつ》のなかにも矢羽はみられますが、それは基本的にオオタカやクマタカなど在地の鳥です。一〇世紀以前にはオオワシ尾羽の珍重はまだ認められません。

オオワシはロシア沿海州で繁殖し、冬になると北海道を経て千島列島に渡ってきます。そのルートは、サハリンと道東オホーツク海沿岸を経由して千島列島にいたる群と、カム

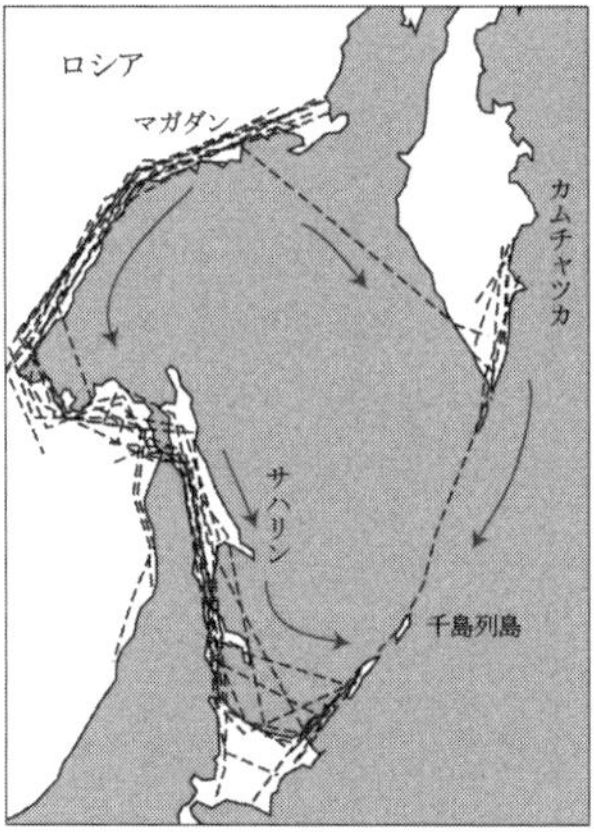

オオワシの渡りルート
ロシア沿海州から千島列島に飛来する。Mcgrady et al.（2000）原図。

チャツカを回って千島列島を南下する群の二つがあります。近世には二つの群が重なる千島列島がオオワシ尾羽の主産地となっており、渡りルート上の道東オホーツク海沿岸やサハリンからも多くの尾羽が本州へ出荷されていました。

一〇世紀以降、本州で流通していたオオワシ尾羽は、北海道からもたらされたものと考えてまちがいありません。とすれば、その出荷に従事したのは一〇世紀初頭に道東オホーツク海沿岸へ進出した擦文人ということになります。擦文人の道東進出は、本州で宝となっていたオオワシ尾羽の出荷に深くかかわっていたのです。

近世のアイヌがおこなっていたオオワシの猟は、産卵場へ遡上したサケを捕食するオオワシの習性を利用し、産卵場付近の川岸で待ち伏せして捕獲するものでした。一一世紀末に道東の釧路湿原一帯へ進出した擦文人の集落をみると、湿原周辺の丘陵上に小集落が分布しており、サケの産卵場である小川を占めています。これはまさにオオワシ猟にふさわしい立地といえるのです。

交易品の生産という点ではほかにも、比羅夫とオホーツク人の戦いの舞台となった道南の奥尻島は、一〇世紀中葉に擦文人が進出しましたが、かれらの集落である青苗貝塚遺跡では、大量のアワビの貝殻とアシカの骨が出土しており、干アワビとアシカの毛皮が交易品になっていたと考えられています。

アワビが生息する日本海沿岸と噴火湾沿岸では、近世にはアイヌがアワビを本州へ出荷していました。実際、これら地域では大量のアワビが出土する近世アイヌの貝塚がみられます。しかし、アワビが主体になる縄文時代の貝塚はありません。大量のアワビで占められる貝塚が登場するのは、擦文時代になってからなのです。

陸の孤島の大集落

九世紀後葉に日本海沿岸を北上していった人びとは、沿岸の各地に大集落を構えました。それらに共通するのは、おもな河川の河口近くを占めることです。道北小平町《おびらちょう》の小平蘂《おびらしべ》川、苫前町《とままえちょう》の古丹別《こたんべつ》川、羽幌町《はぼろちょう》の築別《ちくべつ》川、初山別《しょさんべつ》村の初山別川、遠別町《えんべつちょう》の遠別川、豊富《とよとみ》町《ちょう》の天塩《てしお》川のほか、破壊されて現存しませんが、留萌市の留萌川河口付近にも大集落がありました。

小平町高砂《たかさご》遺跡は、海岸線から二キロメートルほど小平蘂川をさかのぼった地点にあり、二〇〇軒以上の竪穴住居がみつかっている大集落です。この小平蘂川はサケやマスがほとんど遡上せず、開拓期以前からヤツメウナギとウグイしかみられない川でした。かれらが小平蘂川に面して集落を設けた目的は河川漁ではありませんでした。海での漁はおこなっていたにちがいありませんが、集落は海から離れており、漁業立地ということはできません。食糧生産という点からみると、大集落が成立した理由は考えにくいのです。

竪穴住居は小平蘂川に注ぐ小川を取り囲むように分布しており、この小川は船着場とみられています。高砂遺跡は船着場を核に成立したのであり、交易の流通拠点や中継拠点としての役割をもっていたようです。

流通拠点ということで注目されるのは、道東の釧路川水系の集落です。先にのべたように、釧路では一一世紀末以降、釧路湿原周辺の小川でオオワシ猟がおこなわれていたとみられます。そして、それらの小川を集める釧路川の河口には海に向かって春採《はるとり》台地がそびえ立っており、その台地上には擦文時代の大集落である春採台地竪穴群があります。これは釧路川の河口や隣接する春採湖を港とし、内陸の小集落からもたらされるオオワシ尾羽

豊富町音類遺跡
湿原内の入り組んだ海岸砂丘上に擦文文化の大集落が広がる。北海道地方環境事務所提供。

などの産物を集約する流通拠点だったとおもわれます。

　このような流通拠点としての沿岸集落の性格は、豊富町《とよとみちょう》音類《おとんるい》遺跡をみると、さらにはっきりします。

　天塩川の河口には、サロベツ湿原という釧路湿原とならぶ日本最大級の大湿原が広がっています。そしてこの大湿原のなかに、日本海に沿って四〇キロメートルも続く海岸砂丘が横たわっています。この砂丘の上に長さ六キロメートル、幅二キロメートルにわたって広がる擦文時代の集落が音類遺跡です。七九四軒の竪穴住居跡がみつかっている、日本海側では最大規模の集落です。

　音類遺跡は船でなければ近づくことができない陸の孤島です。さらに砂丘は複雑な迷路のように入りくんでおり、多少離れた砂丘上の場所に出向く場合、歩くより船で移動したほうが速かったとおもわれます。湿原のなかに孤立した環境は食料生産の点でも不毛です。

大集落が成立するのにふさわしい立地とはいえないのです。

しかし音類遺跡が港や流通拠点だったとすれば、このような環境はむしろ大きなメリットになります。海から天塩川をさかのぼってくると、入りくんだ砂丘のいたるところに丸木舟で乗りつけることができます。高砂遺跡の船着場が共同利用の船着場だったのにたいして、音類遺跡では各戸ごとに船着場があったことになります。陸の孤島は、流通拠点としての集落が成立していくなかで、はじめて意味をもつことになった環境だったのです。

ところで、近世のサハリンアイヌが北海道南端の松前へ交易に出向くにあたっては、次のように移動したと伝えられます。まずサハリン南端の能登呂《のとろ》の岬から宗谷海峡を越え、稚内へ渡ります。次に天候をみながら苫前へ移動して停泊し、さらに留萌へ移動するといったように、河口港で停泊をくりかえしながら南下したのです。近世にはこれらの拠点に、交易で巨大な富を蓄えた首長がおり、かれらは相互に連携していました。

擦文時代の沿岸部集落でも、同様な状況がみられたにちがいありません。

✝東北北部との関係

北海道の社会は、九世紀後葉以降、交易品の生産と流通をめぐって大きく変化しました。私は、このような交易とかかわって成立した生態系適応のありかたを「アイヌエコシステム」とよび、それ以前を「縄文エコシステム」とよんでいます。

縄文時代の遺跡の特徴は、その立地の多様性や柔軟性にあります。沿岸部から山間部までいたるところに遺跡がみられます。北海道の一七九市町村で縄文文化の遺跡が確認されていない市町村はほとんどありません。ところが、擦文文化の遺跡が確認されている市町村はごくかぎられるのです。

いたるところにある縄文時代の遺跡をみると、ただ食べていくだけであれば、どこでも暮らすことができたということがわかります。しかし、交易品の生産や流通に適合した立地となると、そう多くなかったようです。このような空間利用の粗密化もまた、商品化にとりこまれたアイヌエコシステムの特徴ということができるのです。

この転換は東北北部の動向と大きくかかわっていました。九世紀後葉になると、秋田県域をのぞく東北北部の各地で人口が急増します。とくに青森県の津軽地方では、水田開発、鉄生産、塩生産、窯業（須恵器生産）などが一斉にはじまります。

これと並行して北海道の遺跡では、東北北部で生産されたとみられる須恵器やコメ、鉄器が出土するようになります。東北北部の活況は、北海道との交易の活発化がかかわっていたのです。そしてそこには、北海道と本州の交易に強い影響力をおよぼしていた律令国家の後退も関係していたとみられます。

ところで須恵器といえば、青森では甕《かめ》のほか坏《つき》や壺など多くの種類が生産されていましたが、擦文人が輸入していたのはもっぱら甕です。これには酒づくりがかかわっていたようです。

近世アイヌは、農耕で収穫した穀物類を粥、ヒエを酒、アワを団子にしていましたが、酒は日常的に飲用していたわけでなく、祭儀の際にだけつくられました。また、厚真町上《かみ》幌内《ほろない》モイ遺跡など擦文時代の祭祀遺構からはキビの団子が出土しています。擦文人の農耕は、神酒や団子など神饌の生産、つまり祭祀と深くかかわるものだったとおもわれます。

銅鋺
伝統工芸士、白井克明作の現代の銅鋺。旭川市博物館蔵。

アイヌ語では酒を醸すのに用いる麹《こうじ》のことをカムタチといいますが、これは古代日本語で麹を意味する「かむたち」の借用語です。北海道に麹が流通したのは、まちがいなく古代にさかのぼるのです。かれらが須恵器の甕を選択的に輸入していたのは、この神酒を醸すためであり、北海道内の遺跡から出土している青森産とみられるコメは、酒の原料あるいは醸造用の麹だったと考えられます。

擦文時代の遺跡から出土する本州産品のなかでも、とくに目を引くのは銅鋺です。金色に輝く銅鋺は、鋳造によって成形したあと、鍛造で叩き締め、さらにロクロでひいて薄く仕上げるという高度な技術でつくられたものです。当時は仏具のほか都の貴族が食器などに用いていました。

銅鋺は、道内では恵庭市カリンバ2遺跡、厚真町上幌内モイ遺跡、平取町《びらとりちょう》亜別《あべつ》遺跡、同カンカン2遺跡、釧路市材木町5遺跡であわせて一二点出土しており、そのなかには朝鮮半島産の佐波理《さはり》とよばれる高級品もふくまれています。時期は一〇～一二世紀です。

これらの遺跡はいずれも太平洋側に分布しています。恵庭市は太平洋に面していませんが、恵庭市をふくむ石狩低地帯は太平洋沿岸グループに属しているといいました。銅鋺は太平洋沿岸グループのなかでだけ流通していたのです（関根二〇〇九）。

銅鋺は、東北北部では青森県で三遺跡六点、岩手県で一遺跡一点の計七点出土しています。出土した遺跡の数も点数も、北海道のほうが圧倒的に多いのです。このことは銅鋺が北海道向けの商品として投入されていたことを示しています。さらにこの銅鋺を北海道にもたらしたのは、東北北部の銅鋺六点のうち五点が太平洋側で出土していることから、東北北部太平洋側の人びとだったとみられます。

東北北部でも北海道と同様に、太平洋側の人びとと日本海側の人びとが、交易をめぐって競合的な関係にあったようです。

3 同化されるオホーツク人

†同化の痕跡

オホーツク人は、擦文文化が成立した七～八世紀頃、道北から道東、さらに北千島まで領域を拡大し、最盛期を迎えていました。

オホーツク文化の遺跡からは曲手刀子《まがりてとうす》、帯金具、耳飾り、ブタなど大陸の産物が出土します。かれらは本州とも交易をおこなっていたといいましたが、その中心は大陸の靺鞨系の人びと（中国の随・唐代に中国東北部と沿海州に住んでいた人びと）との交易にありました。当時の北海道には、南に顔を向けた擦文人と、北に向けたオホーツク人が同居していたのです。

しかし、全道へ進出していった擦文人によってオホーツク人は領域を狭められ、あるい

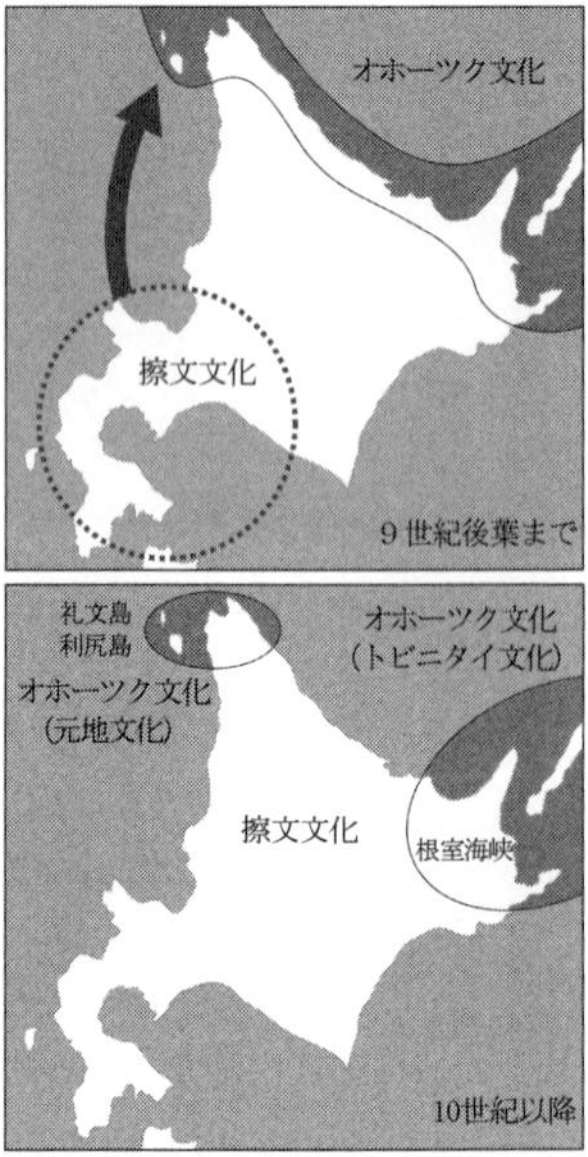

擦文人の全道拡大とオホーツク人の文化変容

は同化の道をたどることになりました。

九世紀後葉に擦文人が進出すると、道北のオホーツク人の拠点である稚内市、礼文島、利尻島には、擦文文化の影響を受けた元地《もとち》文化というオホーツク人の地域文化が成立します。狭い地域に暮らしていたにもかかわらず、かれらは擦文人の同化を免れました。それはなぜでしょうか。

道北端のオホーツク人は、もともとサハリンのオホーツク人と密接な関係をもち、道東のオホーツク人とは異なる文化をみせていました。元地文化のオホーツク人が同化を免れたのは、かれらが道北へ進出してきた擦文人とのあいだで、サハリンからの物流を仲介する役割を担っていたからではないかとおもわれます。

ただし元地文化のオホーツク人の足跡は、一〇世紀末に擦文人がサハリンへ進出すると同時に失われていきます。これは、擦文人のサハリン渡海によって中継交易者としての役割を失い、自立の道を断たれたからにちがいありません。

次に、一〇世紀はじめに擦文人が道北から道東オホーツク海沿岸へ進出すると、この地域のオホーツク人は擦文人に同化していったとみられます。この同化の痕跡は、道東オホーツク海沿岸の擦文文化の遺跡のなかに読みとることができます。

たとえば、道東の擦文文化の住居の炉には、オホーツク文化の住居の特徴である石囲いをもつものがみられます。さらに、擦文文化の住居の屋根はカヤ葺《ぶ》きが一般的であるのにたいして、オホーツク文化の住居の特徴である樹皮葺きのものがみられます。擦文文化の住居ではありえない、竪穴の隅に斜めに設けたカマドも確認されていますが、このような奇妙な住居は擦文文化に同化したオホーツク人系の人びとの住居だったのでしょう。

オホーツク人は農耕もおこなっており、道東に進出した擦文人は、オホーツク人が栽培していた大陸沿海州タイプのオオムギを栽培品種としてとりこみました（山田二〇〇〇）。また、近代アイヌのDNAのなかには、オホーツク人に特徴的なハプログループYが確認されていますが（篠田ほか二〇一〇）、これは擦文人が道東や道北のオホーツク人を同化するなかでとりこまれたものとみられます。

擦文人への同化を免れた道東の一部のオホーツク人は、擦文文化の影響を受けたトビニタイ文化という折衷文化に変化します。かれらは根室海峡の周辺と南千島（クナシリ・エトロフ島）に領域を狭めながら存続していましたが、一三世紀前後には擦文人に同化されてしまいました。

†オオワシとオホーツク人

一〇世紀に道東へ進出した擦文人は、オオワシ尾羽の交易にかかわっていたといいました。実はオホーツク人も、擦文人の進出以前からオオワシを交易していた可能性があります。

近世の道東アイヌはオオワシ尾羽を本州へ出荷していましたが、その遺跡をみると当然のことながらワシ・タカの遺体が多く出土します。ところが七～八世紀のオホーツク文化の遺跡でも、近世の道東アイヌの遺跡とならんでワシ・タカの骨が多く出土するのです。オホーツク文化の遺跡では、直径五センチ以下の石球が複数まとまって出土します。これはヒモでつないだ石球を回し投げ、獲物を捕らえる道具（ボーラ）とみられますが、球のサイズからオオワシなど大型の鳥猟に用いた可能性が考えられます。

第4章「グローバル化する世界」でのべるように、中国側史料によれば、一三世紀のサハリンでは北海道から交易のため渡海してくる「骨嵬《クイ》」の活動が活発化していました。かれらは地元の「吉里迷《ギレミ》」の「打鷹人《だようじん》」を捕虜にします。そのため、吉里迷が服属していた元（大モンゴル）と骨嵬のあいだで半世紀におよぶ戦争がおこなわれました。

　この骨嵬はアイヌ、吉里迷はサハリン先住民のニヴフであり、ニヴフはオホーツク人の末裔と考えられています。サハリンのオホーツク人は一三世紀頃、土器をつくらなくなり、ニヴフの文化に移行したとされます。

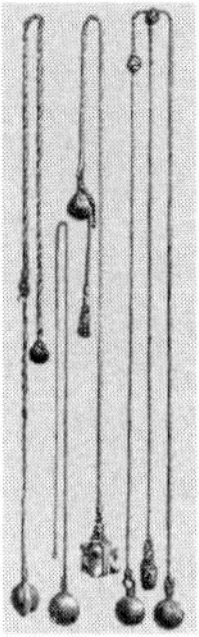

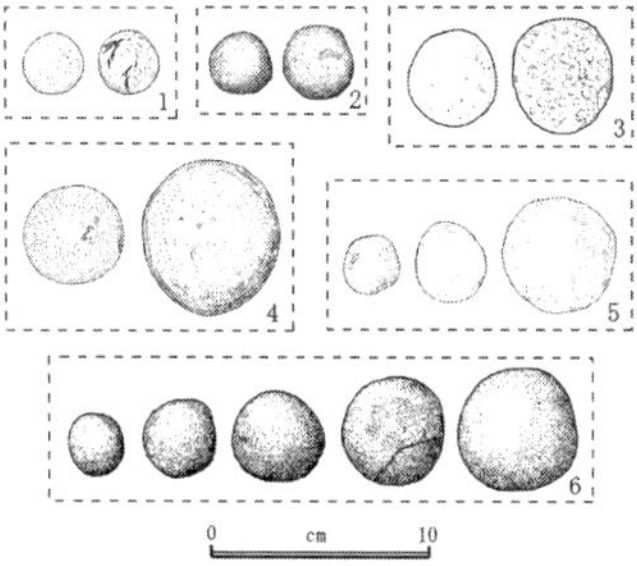

1・4・5：北見市常呂町栄浦第二遺跡、2・6：同トコロチャシ遺跡、3：枝幸町目梨泊遺跡

オホーツク文化の石球とボーラ（玉つき投げ縄）
左：南米パタゴニアのボーラ

　アイヌが捕虜にしたニヴフの「打鷹人」とは、ワシ・タカの捕獲・飼育に従事する者のことです。元がこの打鷹人を保護したのは、鷹狩りに用いるワシ・タカを確保するためでした。元は、狩りや通信用のタカを飼育する官庁を設けており、サハリンや大陸沿海州は海東青《かいとうせい》など優れたワシ・タカの産地だったのです。

　とすれば、ワシ・タカの捕獲・飼育に従事する者は、一三世紀に突然あらわれたのではなく、それ以前のオホーツク文化の時代からいた可能性が高いといえるでしょう。オホーツク文化のなかには、専業的なワシ・タカの捕獲・飼育者の伝統があったと考えられるのです。

ところで、大陸と交易をおこなっていたオホーツク人は、靺鞨が渤海国《ぼっかいこく》（中国東北地方から朝鮮半島北部に存在した国家）にとりこまれた八世紀後半には、大陸との関係が希薄になります。かれらの交易相手は、擦文人や本州へ大きくシフトしていかざるをえませんでした。そのため、それまで大陸へ出荷していた生きたワシ・タカやその羽を、擦文人や本州へ持参することもあったのではないでしょうか。

八世紀後半から九世紀にかけて、オホーツク人のもたらすオオワシの尾羽が本州へ渡り、強靭で美しい斑紋をもつ矢羽として注目を集めた結果、そのニーズに応えた擦文人が一〇世紀には道東へ進出し、オオワシ尾羽が本州へ一気に流通することになった、と考えることもできそうです。

†生存戦略の転換

道東に進出した擦文人に押され、根室海峡周辺と南千島に分布を狭められたオホーツク人の文化は、トビニタイ文化という折衷文化に変わったといいました。

このトビニタイ文化は、生業の面でも劇的な転換を遂げます。海辺にしか集落を設けることのなかったオホーツク人が、内陸でも暮らすようになったのです。

オホーツク人は海獣狩猟と漁撈に特化した海洋民です。その集落は、海から最大でも一

オオワシの鉤針猟とトビニタイ文化
左：鉤針を用いたアイヌのワシ猟。『蝦夷島奇観』。函館市中央図書館提供。中：鉤針。旭川市博物館蔵。右：羅臼町トビニタイ遺跡出土オホーツク文化（トビニタイ文化）の鉤状鉄器。東京大学考古学研究室（1964）原図。

キロメートル以内にしかみられません。ところがトビニタイ文化の時期になると、オホーツク人は河川中流域まで進出していきます（大西二〇〇九）。

では、海洋民であるオホーツク人はなぜ内陸に進出したのでしょうか。

トビニタイ文化の内陸の集落は、サケの産卵場とも重なっています。そのため内陸展開の目的はサケ漁であり、サケは毛皮類とともに擦文人との交易品になっていたと説明されています（大西同前）。

実際トビニタイ文化の集落ではサケの骨が出土しますが、擦文時代の段階でサケを本州へ出荷していたのは日本海側にかぎられます。道東でも奥地のオホーツク人がサケを交易品としていたと考えるのはむずかしそうです。

先にのべたように、内陸のサケ産卵場はオオワシがサケを捕食する場にもなっていました。近世の道東アイヌは、産卵場の川に木を渡し、サケをつないで泳がせ、オオワシをおびき寄せました。そして川岸の小屋に隠れて待ち伏せし、飛来したオオワシの脚を鉤針《かぎばり》でひっかけて捕らえていたのです。これは命がけの危険な猟でした。

オホーツク人の内陸展開は、このような内陸産卵場のオオワシ猟とかかわっていた可能性がありそうです。そもそもオホーツク人が、道東へ進出してきた擦文人の同化を避けながら、鉄器など必要な文物をかれらから入手するには、サケではなく高価な商品であったオオワシを交易品としていたと考えるのが自然ではないでしょうか。

オホーツク人は、トビニタイ文化に変容する以前から、海辺に飛来するオオワシをボーラで捕獲していたとみられます。しかし、擦文人の進出によってオオワシの捕獲が大きな課題となるなか、かれらはその猟場を拡大していく必要に迫られていました。内陸への進出は、そのような背景のなかで展開したとおもわれます。

トビニタイ文化の遺跡ではボーラはみられなくなりますが、ボーラは樹木が小川を覆う産卵場の環境では使用することができません。かれらのオオワシ猟は、内陸への進出にともなってボーラ猟から鉤針猟に転換したとみられます。実際、鉤針はトビニタイ文化の遺跡でも出土しています。

しかし擦文人にとって、オホーツク人がオオワシの一大産地である根室海峡周辺と千島を占める状況は大きな問題です。オホーツク人との中継交易を排し、みずから一大産地を占めてオオワシ猟をおこなうことがもとめられていました。そこで、擦文人はオホーツク人の残党の拠点に進出をはじめ、一一世紀末には南千島まで入りこんでいったのです。

†サハリンのオホーツク人に広がる動揺

擦文人は一〇世紀末になるとサハリン南部へ進出しましたが、この動きは当然サハリンにもいたオホーツク人に影響をおよぼすことになりました。

サハリン南部のアニワ湾に面して、ベロカーメンナヤ遺跡という一〇〜一一世紀頃のオホーツク人の集落があります。発掘調査の結果、この集落は環壕で囲まれており、砦の機能をもっていたことがわかりました。オホーツク人がこのような防塞《ぼうさい》集落を営むようになった背景には、同時期にサハリンへ渡海してくるようになった擦文人にたいする恐れがあったにちがいありません。

しかし、サハリンのオホーツク人と擦文人の関係は、対立だけではありませんでした。というのも、擦文人の渡海と並行して、サハリンのオホーツク人の住居には擦文人の住居の特徴であったカマドがつくられるようになるのです。

擦文人の四角形の竪穴住居とはちがい、オホーツク人の住居は五角形や六角形をしており、その中央には炉があります。しかし、サハリンのセディフ1遺跡、オホーツコエ3遺跡、スタラドゥプスコエ3遺跡では、オホーツク文化の住居にはないはずのカマドがみられます。セディフ1遺跡では、住居の角に斜めに設けた奇妙なカマドがみられますが、このような斜めのカマドは、北海道でも擦文人と同化したオホーツク人の住居にみられる特徴です。

渡海した擦文人とサハリンのオホーツク人は、対立する一方で交流し、このような文化融合を生じていたようです。しかし、オホーツク人が暮らしていたサハリン南部は、近世にはアイヌによって占められており、オホーツク人の末裔であるニヴフはサハリン北部へ追いやられていました。擦文人のサハリン渡海の目的は、オホーツク人との交流ではなく、かれらの領域を奪いとることにあったのです。

商品化する世界のなかで、擦文時代の人びとはもはや東アジアの辺境で孤立する縄文人ではありませんでした。かれらは富をもとめて商品生産の社会に転換し、他者の領域を侵していく道をあゆみだしました。さらに次のニブタニ時代を迎えると、かれらは北東アジア、日本、中国をつなぐ交易の円環のプレイヤーとして、大きく成長を遂げていくことになるのです。

第4章 グローバル化する世界

――ニブタニ時代(鎌倉時代以降)

1　多様化するアイヌの世界

アイヌの社会は、擦文文化以降、日本や北東アジアとの関係をさらに深め、グローバル化していくことになります。本章ではその具体的な姿をみていくことにします。

ところで、擦文文化より後の文化を考古学ではアイヌ文化とよんでいますが、私はニブタニ文化とよぶことを提唱しています。なぜニブタニ文化なのか、説明しておくことにしましょう。

†ニブタニ文化とは

擦文文化の考古学的な特徴は、複雑な文様をもつ擦文土器と、深さ一メートルほどもある竪穴住居です。この竪穴住居と土器は原始的な印象を与え、北海道の後進性を示すものとおもわれるかもしれません。しかし、交易を通じて北海道と関係の深かった東北北部でも竪穴住居と土器が用いられていました。

これが大きく変化するのは一一世紀末です。東北北部では一一世紀には竪穴住居が平地住居になり、土器は漆器椀や白木の椀、鉄鍋におきかわりました。これとほぼ同時に北海道の日本海沿岸でも竪穴住居と土器はみられなくなります。高価な漆器椀と鉄鍋の流通を前提とするこの変化は、アイヌの経済力の高まりなしには生じえないものでした。

ただし北海道全体をみると、一一世紀末の段階でこのような変化が生じたのは日本海沿岸だけです。その他の地域では一二世紀末から一三世紀はじめころまで土器と竪穴住居が使われます。本州とサハリンをつなぐ流通の大動脈である日本海沿岸の人びとは、大きな経済力をもち、東北北部との強いむすびつきを背景に、いちはやく変化を遂げたのです（瀬川二〇〇五）。考古学では、この平地住居化と土器の廃用が北海道全体を覆った一三世紀を擦文文化の終焉、「アイヌ文化」の成立としています。

しかし、考古学で定着しているこの「アイヌ文化」という呼称は、問題がないわけではありません。

一般的な意味でいわれるアイヌ文化は、アイヌ語、口承文芸、独自の衣服や刺しゅうの文様、祭祀、儀礼、生業など、ようするに近世アイヌの生活文化全体を指しています。しかし考古学でいう「アイヌ文化」とは、擦文文化の後に続く平地住居、鉄鍋、漆塗椀《うるしぬり》などの物質文化の組みあわせをそうよんでいるにすぎません。つまり一般的な意味でのアイヌ文化と考古学的な「アイヌ文化」はイコールではないのです。

考古学の「文化」の設定にあたっては、その時代を特徴づける物質文化や地名にちなんだ名称がつけられます。たとえば弥生文化の「弥生」は、その文化の遺跡がみつかった現在の東京都文京区弥生の地名がもとになっています。擦文文化の「擦文」は、土器の表面を板でなでつけたときに生じる細かい筋目の跡を指しています。

ところが北海道では、中近世の考古学的文化にアイヌという集団の名称を冠してしまったため、大きな誤解が生じているのです。その誤解とは、アイヌは一三世紀の「アイヌ文化」の成立とともに、どこかからやってきた人びとであるというものです。時代名称と集団名称が一体になっている以上、このような誤解が生じるのは当然のことといえるでしょう。

もちろんアイヌは一三世紀にどこかからやってきたわけではありません。アイヌと縄文人の関係は本書でのべてきたとおりです。擦文文化から「アイヌ文化」への移行もゆるやかで連続的であり、そこに人間集団の交代を想定する研究者はいません。

そこで私は、問題の多い「アイヌ文化」をニブタニ文化・ニブタニ時代とよびかえることを提唱しています。このニブタニは、「アイヌ文化」の遺跡がはじめて広域に調査された日高の平取町二風谷《にぶだに》遺跡の名称にちなむもので、アイヌ文化伝承の聖地ともされる二風谷地区を顕彰する意味もあるのです。

†首飾りにみるアイヌの国際関係

ニブタニ時代の特徴を一言でいえば、アイヌが広大な北東アジア世界へ進出しながら日本との関係をさらに深め、交易を拡大していった時代といえます。

擦文時代の人びとは、毛皮、サケ、オオワシなど本州向けの交易品の生産者でした。そのアイヌが、交易品生産者であると同時に、日本と北東アジア世界をむすぶ中継交易者としてグローバル化していったのがニブタニ時代であると私は考えています。

実際の資料から、そのことをみてみましょう。

近世のアイヌ女性の宝として首飾りのタマサイがあります。このタマサイは、日本の鏡や刀のつばなど円形の金属板（シトキ＝円盤形の団子を意味する日本語の「粢」の借用語）を中心に置き、その両側にガラス玉を連ねたものです。アイヌは異文化の産物を宝としていましたが、宝は強い霊力をもつと信じられていました。タマサイもその霊力によってアイヌ女性を守護するものだったのです。

近年の発掘調査によって、このタマサイがニブタニ文化の成立に前後してあらわれたことがわかってきました。

道東の根室市穂香《ほにおい》遺跡では、擦文文化末期（一二世紀末）の竪穴住居から、六〇点近い

成立期のタマサイ（アイヌの首飾り）
厚真町オニキシベ2遺跡出土。13世紀。本州の鏡を鍔状に加工したものを中心に、大陸産の鉛ガラス製玉、メノウ製管玉、北宋銭を配する。撮影：佐藤雅彦。厚真町教育委員会提供。

ガラス玉、ヒスイ製の勾玉《まがたま》、青銅製の金具などが連なった状態で発見されました。シトキとよばれる円形の金属板はみられませんが、それが成立期のタマサイのひとつの特徴です。これとほぼ同じ組みあわせの首飾りは、道南の伊達市有珠《うす》オヤコツ遺跡（一三世紀）でも出土しています。

青銅製の金具は、日本の太刀の鞘に用いられる七《なな》ツ金《がね》とよばれるもので、このような太刀の金具を組みあわせたタマサイは、時代は新しくなりますが、道央の恵庭市カリンバ2遺跡（一六世紀）でもみつかっています。

タマサイの金属製品が一貫して本州産であるのにたいして、ガラス玉は大陸産です。大陸産のガラス玉は、一〇世紀末のアイヌのサハリン進出に前後して、北海道内の遺跡でみつかるようになります。しかし、擦文文化の遺跡で出土するガラス玉は一点から数点程度で、一三世紀以降のように数十点もまとまってみつかることはありません。出土遺跡もわずか五カ所ほどです。この時期の日本では、ガラス玉の生産は仏具用に細々とおこなわれていたにすぎず、庶民が手にできるようなものではありませんでした。

大陸産とみられるガラス玉は、青森県の野辺地町《のへじまち》向田35遺跡（一一世紀前半）でもみつかっており、一四世紀になると東北北部でも出土点数が一気に増加します。これは北海道の出土傾向とほぼ一致しているので、アイヌの入手したガラス玉が本州への交易品にもなっていたことがわかります。

日本と大陸の製品を組みあわせたタマサイの成立は、日本と北東アジアとの関係の深化という新たな時代の到来を物語るものなのです。

†対立する和人・共存する和人

一四世紀になると、津軽海峡に面した渡島半島の南端を中心に、道央の余市町などでも陶磁器が出土するようになります。

この陶磁器は、津軽海峡を越えて和人が進出してきたことを意味しています。その背景には、鎌倉幕府滅亡の一因となった津軽大乱や、安藤氏と南部氏の抗争など、東北北部の争乱がかかわっていたと考えられています。道央の余市町まで和人が入りこんだのは、そこがアイヌの日本海交易の要衝だったからでしょう。

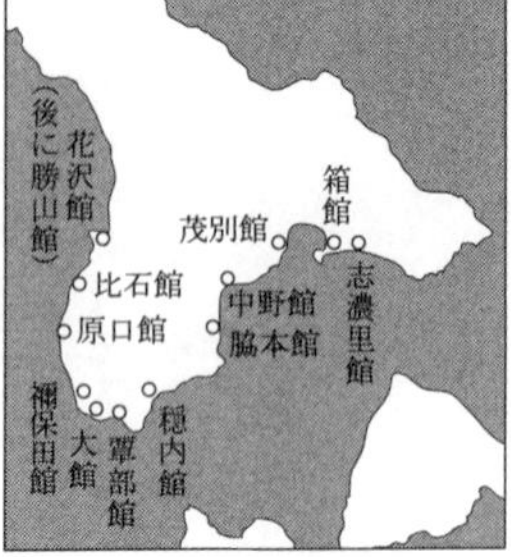

中世の和人の館

一五世紀になると、東北北部から渡島半島の南端へ武装した和人集団が進出しました。かれらはそれぞれ館とよばれる拠点を構え、交易の利権を争うようになります。

発掘されたこの館のひとつである上ノ国町勝山館をみると、急峻な山頂に設けられ、堅固な壕と柵をめぐらせており、要塞としての性格をみせています。しかしその内部は、館主や家臣とその家族のほか、鍛冶工人、銅細工師、漁民、修験者などさまざまな人びとが暮らす独立した都市空間となっていました。

コメや陶磁器など大量の物資を本州から運びこみ、馬を飼い、鉄砲、茶道具、喫煙具など当時の最新文化がみられる館の姿は、本州の都市と変わりません。そこが北海道とは信じられないほどです。

注目されるのは、その都市のなかに少数のアイヌも独自の文化を保って暮らしていたことです。ゴミ捨て場からはアイヌの狩猟具や祭具がみつかっており、和人の墓地では独自の葬法で葬られたアイヌの墓もみつかっています。

館主の争いに勝ち残った蠣崎氏は、徳川家康からアイヌ交易の独占を保証され、松前藩が成立しました。これによって中継交易者としてのアイヌの自由な経済活動は制限されることになりました。和人が進出した渡島半島南部は、松前藩の成立後は「和人地」とよばれ、アイヌモシリ（アイヌのくに）の一角を占めました。

アイヌと和人のあいだでは、コシャマインの戦い（一四五七年）、シャクシャインの戦い（一六六九年）、クナシリ・メナシの戦い（一七八九年）など、中世から近世にかけて戦争が繰り広げられました。ただし交易の利害がからみあった両者の関係は、ただ敵対的といって済むほど単純なものではありませんでした。

中世には館が設けられた渡島半島の南端を越え、道央の内陸部まで進出していた和人の存在が考古学的に明らかになっています。では、それはどのような人びとだったのでしょうか。

千歳市末広遺跡は中世のアイヌ集落です。その墓地のなかで、伸展葬のアイヌ墓とは異なる屈葬の墓が二つみつかりました。ひとつは、漆塗りの鏡箱に入った鏡が副葬された女性の墓です。遺体は北枕で、三途の川の渡し銭である六文銭が入れられていました。葬られたのは仏教を信仰する和人女性だったようです。もうひとつは、やはり北枕で刀が一振り副葬されていました。和人男性とみられます。

この二人は、道南を遠くはなれてアイヌの村に根をおろした和人の商人夫婦とみられています。アイヌは自分たちの墓地に、まったく異なる仏式の葬法で和人が葬られることを許していたのです（田村二〇〇四）。

†アイヌモシリ最深部の和人のモニュメント

中世にはこの道央部をさらに大きく越え、アイヌモシリの最深部までやってきた和人がいました。

一九一〇年、道東の網走市で工事中、中世の板碑《いたび》が出土しました。板碑とは、本州で追善供養のために建てられた高さ一メートルほどの板状の石碑で、仏や菩薩の像、供養者の名前や建立年月日などを記したものです。

中世にさかんに建立された板碑は、本州のみなさんにとっては身近でありふれたものかもしれません。しかし北海道では、この網走の例をふくめて四つの板碑が確認されているにすぎません。そのうち三つは中世に和人が進出した道南の函館市で発見されています。これは「あるべき場所」にあるものといえますが、近世後期になってようやく和人が入りこんだ網走の板碑は「ありえない場所」にあるものなのです。

応永年間（一三九四〜一四二八年）の建立年が刻まれたこの板碑は、関東の多摩川下流域の板碑の特徴をみせており、さらに完成品の状態で網走にもちこまれたと考えられています（渡辺二〇〇八）。これにたいして函館で出土した板碑は、本州日本海側の特徴をもつものです。

板碑は「金属製の瓶」とともに出土したとされます。「瓶」は残念ながら現存しませんが、これは仏前に供えられた金銅製の華瓶《けびょう》（花瓶）だったとおもわれます。華瓶は香炉、燭台とセットになって三具《みつぐ》足《そく》とよばれ、鎌倉時代以降、仏前供養に用いられました。つまり板碑だけが何者かによってもちこまれたわけではなく、板碑の建立と仏前供養の儀式が網走でおこなわれていたのです。

網走の板碑は、少なからぬ和人集団が、道南経由ではなく関東の多摩川下流域から太平洋沿岸を伝い、網走へやってきたことを示しています。板碑をわざわざもちこんでいるのですから、そこには新天地への移住にたいする意気ごみや、二度と本州へ戻らないという覚悟も感じられます。

網走市出土の板碑
渡辺（2008）原図。大きさ280×155 mm。

ちなみに一三世紀前後には、本州で屋敷の敷地に死者を葬る屋《や》敷墓《しきぼ》が成立しました。これは祖先の霊力によって開発地を守る目的をもつものだったとされます（勝田二〇〇六）。北海道というフロンティアへ移住した和人が板碑をわざわざもちこんだのも、そのような理由だったのかもしれません。
それにしても、かれらはいったい何者だったのでしょうか。そして、どのような目的でアイヌモシリの最深部へやってきたのでしょうか。

†多様化する暮らし

このような和人の進出によって、アイヌの暮らしは多様性をみせていくことになりました。

道央の千歳市ユカンボシC2遺跡（一八世紀）では、アイヌの集落から火山灰に埋もれたウマの蹄の跡がみつかっています。蹄には小型のものもみられるので、遺跡には子ウマもいたこと、蹄の方向がさまざまなので、ウマがつながれていない状態だったこと、蹄の跡が密集しているので、遺跡が柵などで囲われていたことが推測され、アイヌがウマを飼育していた牧場の跡と考えられています（田村二〇〇四）。

ちなみにウマの骨は勝山館でもみつかっており、中世には和人が北海道へウマをもちこんで飼育していたことがわかっています。

また、アイヌの農耕は耕起の必要がない川べりの草地を選び、種をまいたあとは肥料を施すことも雑草をとることもない、粗放なものだったといわれてきました。しかし近年の発掘調査によって、そのようなイメージとはまったく異なる畑跡がみつかってきています。

道南から道央を中心にみつかっている畑跡は、多くが近世前半のものとみられています。耕地面積はおおむね一万平方メートル以上で、そのなかに幅五〇～一〇〇センチの畝跡が連なっています。花粉分析によって、雑穀や根菜などが栽培されていたことが明らかになっています（横山二〇〇九）。

畝が残る広大な畑跡
森町森川５遺跡。16世紀後半～17世紀前半。森町教育委員会提供。

畑からは大量の炭化物がみつかり、それは焼畑の痕跡であるとされています。ただし、伊達市ポンマ遺跡では土中からヒトの寄生虫が発見され、人糞が施肥されていたと指摘されています。農耕は擦文時代からおこなわれていましたが、中世から近世前半には規模が拡大しており、そこには和人の影響があったのかもしれません。

いずれにしても、このようなアイヌの姿は私たちのイメージを大きく覆すものです。牧場でのウマの飼育や、大規模な畑の管理は、片手間にできることではありません。アイヌ社会には専業的な農民や牧畜民がいたことになります。

私たちはアイヌを単純な狩猟採集民であったと考えがちです。しかし実際のアイヌは、私たちの予想をはるかに越える複雑な実態をもつ人びとだったのです。

†北東アジアへの進出

アイヌは、擦文時代の九世紀後葉から北海道全域へ進出していき、一〇世紀末にはサハリン南部、一一世紀末には南千島のクナシリ島やエトロフ島まで到達しました。アイヌのこの領域拡大の動きは、ニブタニ時代になっても衰えることはありませんでした。

北千島とカムチャツカ半島南部の遺跡では、一五世紀とみられるアイヌの内耳土鍋《ないじどなべ》と回転式銛頭がみつかっています。アイヌは一五世紀には南千島から北千島へ進出し、カムチャツカ南部に到達したのです（菊池一九九〇）。

この一五世紀には、日本側史料にラッコの毛皮にかんする記事があらわれるようになります。一五世紀後半に成立した辞書、文明本『節用集《せつようしゅう》』には「獺虎《らっこ》」がみえます。ラッコの毛皮が本州で広く認知されるほど流通していたことがわかります。

ラッコは北千島に多く生息しており、江戸時代にはラッコの毛皮がオオワシの尾羽とともに北千島アイヌの特産品となっていました。アイヌの北千島進出の目的は、ラッコの毛皮とオオワシの尾羽の獲得にあったのです。

サハリンは考古学的な資料がかぎられており、擦文時代以降、アイヌの動向を追跡するのは困難ですが、中国側史料からかれらの動きが明らかになっています。

『元史《げんし》』『元文類《げんぶんるい》』によれば、アイヌが中国の王朝と最初に接触したのは一三世紀です。当時、元（モンゴル）はアムール川下流域に勢力を伸ばし、流刑囚や先住民などの管理のため東征元帥府という拠点を河口近くに置きました。

さらに元は、海を渡ってサハリンへ侵入してくる骨嵬《クイ》という人びとを排除するため派兵し、両者の戦いは四〇年にもおよびました。骨嵬とは、北東アジア先住民がアイヌを指す言葉であったクイに漢字をあてたものです。

アイヌと元の戦いのきっかけは、サハリンに住む吉里迷《ギレミ》という人びとが、骨嵬のサハリン侵入を元に訴えたことにあります。この吉里迷は、現在サハリン北部を中心に暮らしている先住民ニヴフのことであり、古代オホーツク人の末裔と考えられている人びとです。かつてはギリヤークとよばれていました。

サハリンに渡海してくるアイヌ（骨嵬）は、ニヴフ（吉里迷）の「打鷹人《だようじん》」（ワシ・タカの捕獲・飼育に従事する者）を捕虜にしました。ニヴフは当時、元の支配下にあり、タカなどを元に貢納していたのです。アイヌがニヴフからタカを奪いとることは、元に反旗を翻すことを意味していました。

一二六四年、元はアイヌ排除のためサハリンへ派兵し、かれらを討ちました。その後たびたび元の派兵がおこなわれ、ときに一万人の兵と一〇〇〇艘の船がサハリンへ派遣されました。しかし、アイヌは捕虜にしたニヴフとともに大陸へ渡り、先住民の村々で略奪を働くなど容易に元に屈しませんでした。

しかし一三〇八年、かれらは最終的に毛皮などの貢納を条件に元に降伏し、四〇年以上におよんだ戦いは終息しました。これによってアイヌは、サハリンへの渡海と大陸産品の入手が安定的におこなえるようになったと考えられています。

ただし考古学的にみると、大陸産ガラス玉の北海道への流通は、一二世紀末ころから拡大しはじめます。アイヌのサハリン進出の拡大は、元との戦い以前にさかのぼる可能性がありそうです。実は、元の前の中国王朝である金（一一一五〜一二三四年）も、アムール川下流域にヌルガン城という拠点を設置していました。金の辺境支配の実態は不明ですが、アイヌと金の王朝のあいだにもなんらかの関係があったのかもしれません。

元と交代した明もアムール川下流域にヌルガン都司《とし》という支配拠点を設けました。明はそこでアイヌをふくむ周辺地域の先住民と朝貢交易をおこなっており、そのため大量の下賜品を「巨船二五艘」でアムール川下流域へ運んでいたといいます。

その後、一四四九年の土木の変（明の正統帝がモンゴル族の部隊と戦って敗北し捕虜となった事件）によって、北東アジアにおける明の影響力は急速に失われていきます。このことが中継交易者としてのアイヌの地位を失わせ、一五世紀における和人の北海道進出をもたらす要因になったとする説もあります（中村二〇一四）。

2　チャシをめぐる日本と大陸

砦としてのチャシ

日本と北東アジアとの関係の深化は、タマサイ以外にもアイヌの文化のなかに読みとることができるものなのでしょうか。ここでは、チャシという遺跡をとおしてそのことを考えてみることにします。

チャシは中近世のアイヌの遺跡です。海・川・湖などに面した崖や丘の一端を壕と土塁で区画したもので、沿岸から内陸まで全道で五〇〇カ所以上みつかっています。チャシはニブタニ文化の社会と深くむすびついた施設ですが、多様な実態をもつことから、その起

釧路市モシリヤチャシ
トミカラアイノが18世紀に築造と伝えられる。釧路市埋蔵文化財調査センター提供。

源や機能についてはよくわかっていません。

使用されていた当時のチャシの姿は、近世の史料に記されています。一六六九年のシャクシャインの戦いでは、日高地方の首長シャクシャインが松前藩との戦いに備えてチャシを築きました。大木で柵をめぐらせ、高いやぐらを数カ所に構え、落とし穴まで設けたものでしたが、松前藩の軍勢に火を放たれて落城しています（『松前狄《てき》一揆聞書』）。一七八九年に和人とのあいだで起きた道東のクナシリ・メナシの戦いでも、戦争に備えて五つのチャシがつくられました（『夷酋《いしゅう》列像附録』）。

一六四三年に道東の厚岸《あっけし》でオランダ東インド会社の船員がみたチャシは、うねうねと続く山道を登ったところにあり、方形にめぐる高さ三メートルほどの柵のなかに二、三軒の建物がありました。柵は交差する梁《はり》で補強され、大きなカスガイのついた巨大な扉を設けるとともに、二カ所に見張り用の足場がつくられていました（『フリース船隊航海記録』）。これも砦としてよいでしょう。

近世の記録に残るチャシは、いずれも高所に設けられ、やぐらを設ける点なども本州の中世山城《やまじろ》と似ています。山城のように立体的で複雑な空間構成をもつものはほとんどありませんが、最近これに類似するチャシも知られてきました。

一五世紀には道南の渡島半島南端に和人の館《たて》である山城が設けられましたが、そのひとつである上ノ国町の勝山館では、和人にまざってアイヌも暮らしていたことが明らかになっています。砦としてのチャシについては、道南の和人の山城に影響を受けたものがあったことも考えておかなければなりません。

†聖域か、首長居館か

ただしチャシのなかには、ごく狭い面積を浅い壕で囲うなどした、砦とは到底考えられないものも数多くあります。

そこで、アイヌの伝承や聞きとりをもとに、チャシは砦だけでなく祭儀をおこなう聖域や談判の場でもあったと考えられてきました。

発掘調査がおこなわれた道東の陸別町ユクエピラチャシ遺跡（一六世紀）は、砦と考えてもおかしくない規模です。しかし、わざわざ大量の白い火山灰で土塁の表面を覆うなど、聖域としての性格を強く示しています。さらにそのチャシのなかでは大量のシカの解体もおこなわれていました。単純に砦とみなすことはできません。

また、日高の平取町ポロモイチャシ遺跡（一五〜一七世紀）は、アイヌの集落の一隅に弧状の壕が二つ連なっており、それぞれの壕の内側に一軒ずつ建物があります。

発掘調査の結果、一方の建物は、炉の灰のなかからシカや魚の骨、小刀、鉄鍋、鎌、陶磁器、漆器など生活用具が出土し、首長の居館と考えられています。もう一方の建物は炉がなく、日常生活の痕跡が希薄で、首長の居館に付属する作業場などの施設だったとされています。

先ほどのオランダ東インド会社の船員がみた厚岸のチャシは、砦のなかに二、三軒の建物があったとされますが、これも首長の居館と付属施設だったのかもしれません。実際、アイヌの伝説ではチャシを首長の屋敷とし、首長の宝を秘蔵する場所だったと伝えるものが少なくありません。

同じオランダ東インド会社の船員が訪れたサハリン南部のアニワ湾では、アイヌの「もっとも権力のある人」（首長）の家が浜辺の近くの緑のなかに高く建っており、それは格子戸のある木柵をめぐらしていたとされます。木柵は壕と対になっていたにちがいないので、これもポロモイチャシと同じく首長居館としてのチャシだったのでしょう。

†祖霊崇拝とチャシ

チャシの性格についてもうひとつ考えておかなければならないのは、祖霊崇拝との関係です。

アイヌにはチノミシリ（われら・祀る・山）とよんで祀っていた霊山がありました。これを霊山とする家系の人びとは、祭りをする際かならずその山の名前をよび、酒を捧げて拝んだといいます（知里一九七三）。家系ごとに山を祀ったというのですから、チノミシリは血縁集団単位の祖霊崇拝にかかわる山だったといえそうです。アイヌはまた、山頂には特定の神が住み、特定の部落を守ると伝えていました（知里同前）。この山の神も、それを祀る血縁集団の祖霊と考えてよいでしょう。

私は、チャシがこのチノミシリでもあったと考えています。旭川市がある上川盆地を例にアイヌとチャシの関係をみてみましょう。

上川盆地に暮らしていたアイヌは、江戸時代の終わりころには三〇〇人ほどでした。かれらは一〇〇人ほどの三つのグループに分かれていました。石狩川筋の下流側に住む人びと（石狩川下流グループ）、上流側に住む人びと（石狩川上流グループ）、忠別《ちゅうべつ》川筋に住む人びと（忠別川グループ）です。

各グループはいくつかの集落からなっていました。それぞれの集落には首長がおり、その全体をグループの総首長が束ねていました。明治時代の記録によれば、グループは「風習」も異なっていたといいます。

同じ盆地のなかに「風習」の異なる人びとがいたというのは奇妙ですが、三つのグループ間の婚姻関係はほとんどなく、石狩川上流グループは道北日本海側、石狩川下流グループは道東オホーツク海側、忠別川グループは道東太平洋側の人びとと婚姻していました。それぞれが交流していた地域の方言差や文化のちがいのために、グループ間で「風習」が異なっていたというのはありうる話です。

明治二〇年代になって和人の入植がはじまると、三つのグループのアイヌは市街地開発の支障になるため、すべて石狩川下流グループの地域に集められました。そして、その近くにある嵐山という山がかれらのチノミシリになっていました。上川アイヌは丸木舟でこの嵐山の下を通過するとき、かぶりものをとって衣服を正したといいます。

一カ所に集められる以前の記録はありませんが、三つのグループのなかにチノミシリはなかったのでしょうか。

三つのグループの領域にはそれぞれチャシがあります。石狩川下流グループではチノミシリとなっていた嵐山に嵐山チャシ、上流グループでは突哨山《とっしょうざん》に突哨山チャシ、忠別川グループでは立岩山に立岩山チャシがあります。

明治時代に採録された上川アイヌの伝説によれば、上川盆地を襲った大洪水の際、三つのグループのアイヌは、それぞれチャシのある山に逃げのびたといいます。チャシのある山は、三つのグループを守護する場として認識されていたのです。上川盆地のチャシはチノミシリであり、祖霊崇拝とかかわっていた可能性が考えられそうです。

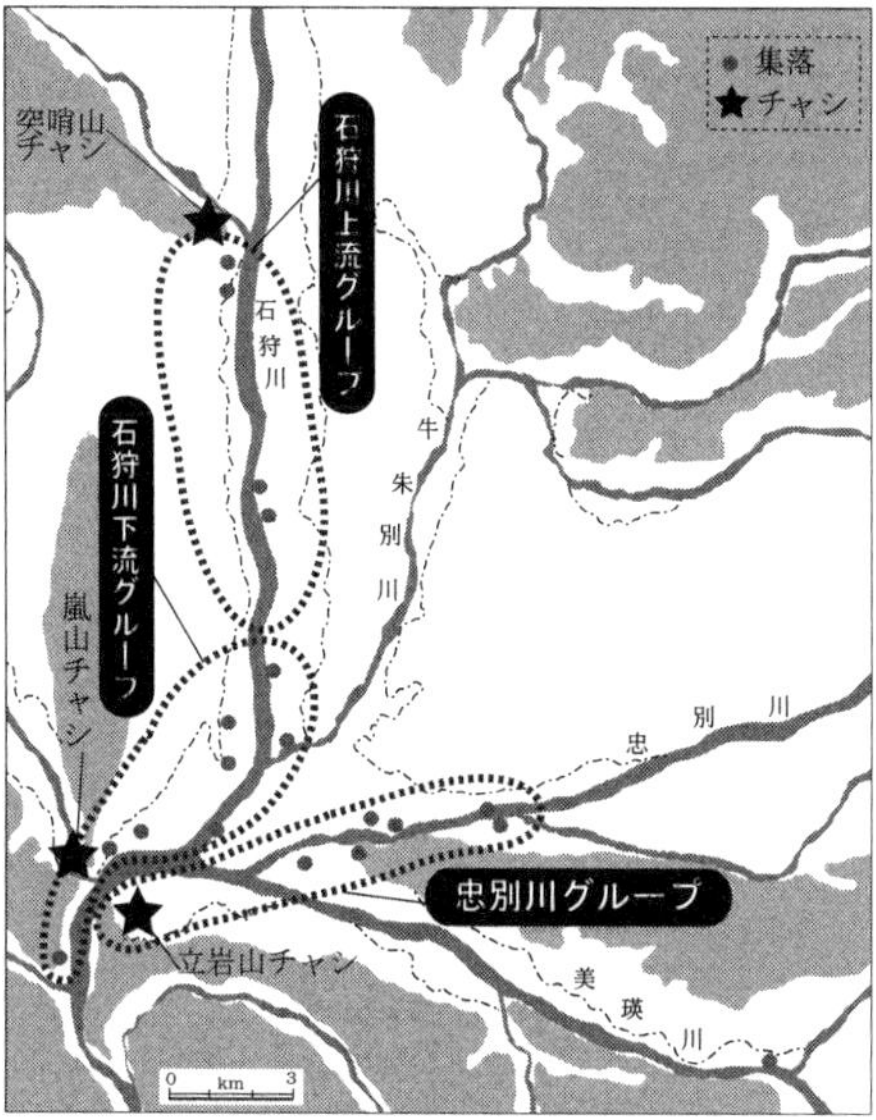

上川アイヌのチャシと集落（1857年）

奇妙な建物

近年、発掘調査がおこなわれた胆振《いぶり》の厚真町ヲチャラセナイチャシ（一三世紀）は、これまでのところ最古のチャシです。この遺跡をとおして成立期のチャシの性格について考えてみることにしましょう。

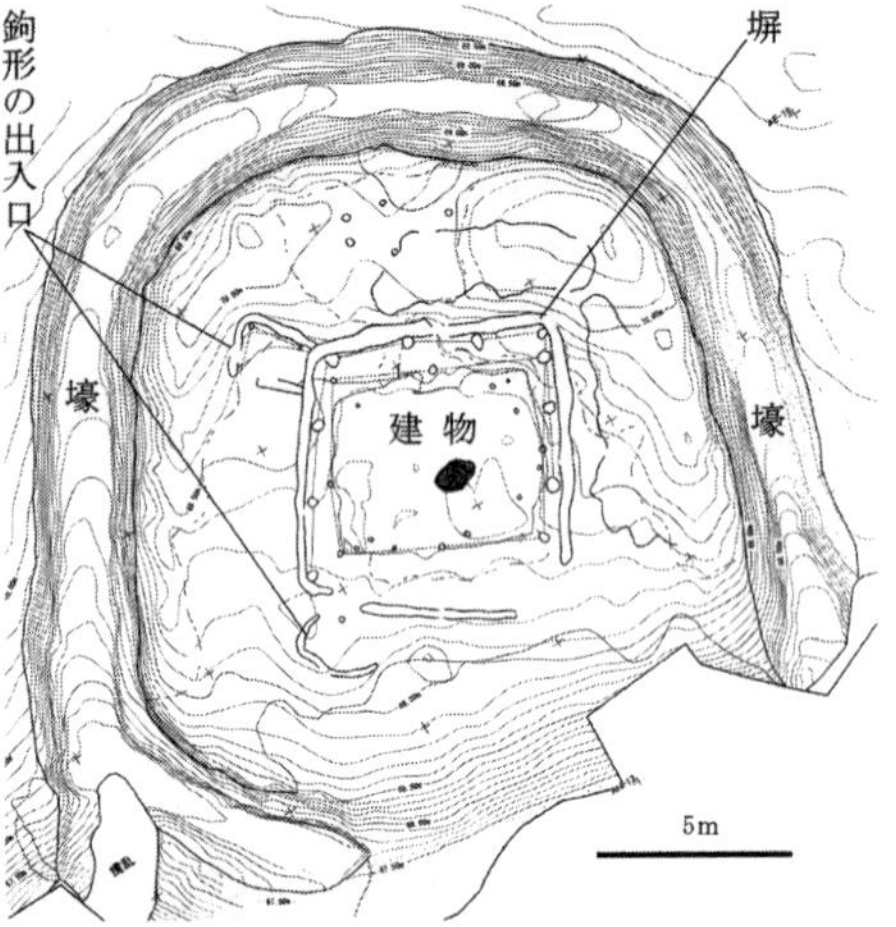

厚真町ヲチャラセナイチャシ
厚真町教育委員会（2014）原図を改変。

ヲチャラセナイチャシは、台地上の集落の端に設けられています。二〇メートル四方の空間を壕で区画し、そのなかに約七メートル四方の建物が一軒設けられています。

この建物には炉がありますが、当時の住居の巨大な炉とはちがってごく小型です。さらに、一般の住居であればみつかる動物や魚の骨、生活用具もまったく出土していません。日常生活がおこなわれた建物ではなかったようです。

建物は塀で囲まれていますが、塀をもつ建物は擦文文化やニブタニ文化ではみつかっていません。塀は建物に接しており、そのあいだはいちばん近いところだと五〇センチもありません。塀は太い柱でつくられているので、かなりの高さがあったことがわかります。

つまり、建物は密着した高い塀で囲まれていたことになるのですが、一般の住居であれば、日もあたらず風通しも悪くなる、このような塀をめぐらせることはありえません。祭祀や儀礼のための特別な建物と考えてまちがいなさそうです。

さらに、この塀には鉤《かぎ》状の出入口が設けられていますが、これも北海道では類例のないきわめて特殊な構造です。

ヲチャラセナイチャシの性格について議論はほとんどおこなわれていませんが、次にのべるようにチャシの起源を解明する大きな手がかりを与えてくれるものなのです。

†日本の祭祀施設との関係

このような塀で囲まれた祭祀建物は、本州では類例がみられます。

それは、古墳時代の研究で最近注目されている方形区画施設とよばれるものです（笹生二〇一四）。奈良県の御所《ごせ》市秋津遺跡などでみつかっている方形区画施設の建物は、いずれも生活の痕跡が希薄であることから祭祀施設と考えられています。この方形区画施設のなかにも塀に鉤状の出入口をもつものがみられます。

鉤状の出入口をもつ塀で囲まれた建物は、古墳から出土する埴輪《はにわ》のなかにもみられます。大阪府の八尾市心合寺山《しおんじやま》古墳、堺市御廟山《ごびょうやま》古墳、和歌山県の和歌山市車駕之古址《しゃかのこし》古墳、三重県の松坂市宝塚1号墳などで出土している家形《いえがた》埴輪がそれです。いずれも祭祀施設と考えられていますが、この家形埴輪は特殊な出入口だけでなく、高い塀が建物に接している点もヲチャラセナイチャシと酷似しています。

また、塀が建物に接している祭祀施設ということであれば、伊勢神宮など古代的な特徴をとどめる神社建築のなかにも類例が認められます。

さらに、ヲチャラセナイチャシのように集落のなかに設けられた祭祀施設は沖縄や奄美でもみられます。アシャゲとよばれる神社的な建物がそれです（昇一九二二）。塀はありませんが、軒の高さは一メートルほどと低く、屋根は瓦で葺かずカヤ葺きにこだわっており、古代的な特徴を強くみせるものです。

囲形埴輪
松阪市宝塚1号墳出土。鉤形の出入口がある。松阪市教育委員会提供。

アシャゲのなかには火の神の炉が設けられ（折口一九九五）、そこで神に捧げる酒をつくり、飲酒儀礼をともなう農耕儀礼をおこないます（下野二〇一〇）。それはアイヌのカムイノミ（神に祈る儀式）そのものにみえます。

本州では集落内に設けられた古代や中世の祭祀施設の実態はまだ十分に明らかになって

いません。しかしヲチャラセナイチャシの鉤状の出入口をもつ塀や、建物に接して塀をめぐらせる特徴は、本州の祭祀施設との関係も考えられそうです。

ちなみに古代の日本では、死者が祖霊になるまで遺体を長期にわたって埋めないモガリという習俗がおこなわれていました。建物を囲む塀は、このモガリをおこなった施設（喪《も》屋《や》）を考古学的に認定する際の重要な指標とされています（水澤二〇一五）。鉤状の出入口をもつ塀で囲まれた家形埴輪を喪屋とする説もあります（穂積二〇一二）。

あとでのべるように、北海道では縄文時代から中世までモガリの存在が認められます。成立期のチャシの性格を考えるにあたっては、このような喪屋との関係も考えておく必要があるかもしれません。

中国王朝の土城を訪れたアイヌ

ヲチャラセナイチャシは、祭祀施設にせよ喪屋にせよ、神や祖霊と深くかかわる聖域とみてまちがいなさそうです。

成立期のチャシがこのような性格をもっていたからこそ、その後は、祭祀を統括して神とたたえられることもあった首長の居館となり、あるいは祖霊が鎮座して血縁集団を守護するチノミシリとなり、さらにはその祖霊の守護によって人びとを守る砦となることもあったのではないでしょうか。

ところで、本州の祭祀施設との関係を示すと考えられる鉤状の出入口をもつ遺構は、ヲチャラセナイチャシとほぼ同時期のサハリンや大陸の沿海州でもみられます。

サハリン南端のクリリオン岬に立つと、宗谷海峡を隔てて北海道北端の稚内市のビルや利尻岳がみえます。ここに一辺約一〇〇メートルの方形の土塁をもつ白主土城《しらぬしどじょう》とよばれる遺跡があります。

江戸時代に日本の探検家が紹介し、その後は大陸の方形土城とよばれる遺跡に類似するため、多くの研究者が注目してきた遺跡です。実は、このような大陸系の土城に鉤状の出入口がみられるのです。

では、この白主土城はいったいだれが、どのような目的でつくったものなのでしょうか。白主土城は、元が北海道から渡海してくるアイヌを排除し、あるいはかれらを交易によって慰撫するため、サハリンの南端に設けた砦・交易所と考えられています（中村二〇〇七）。元はサハリンへ渡海してくるアイヌを討つだけでなく、ときに食糧などを渡してこれを懐柔することもあったのです。

土城は、ロシア軍の敷地内にあるため立ち入りは困難でしたが、日本の中央大学の研究チームが二〇〇一年から三年間、発掘調査を実施しました。

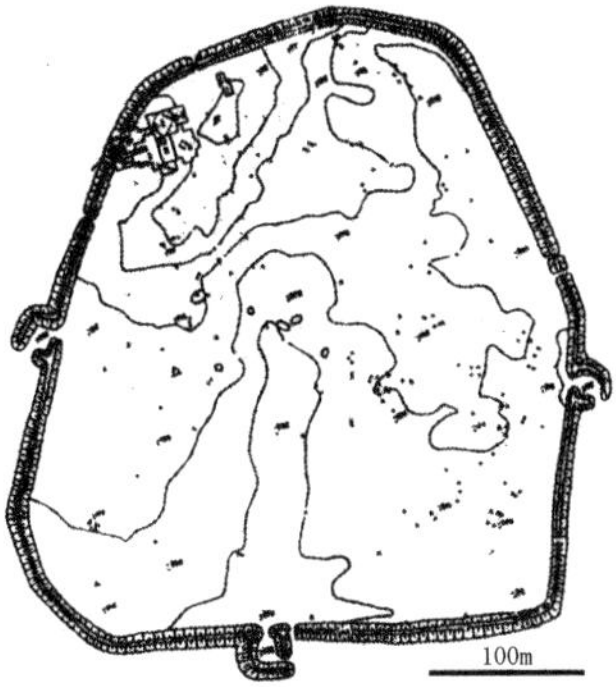

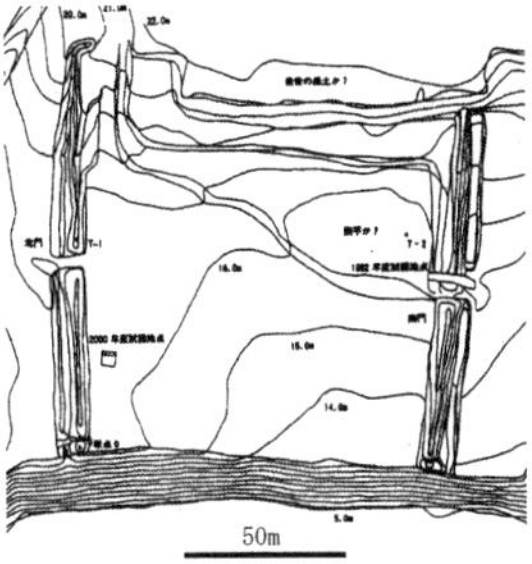

サハリンと大陸の土城
右：白主土城（サハリン）。前川（2007）原図。左：クラスキノ土城（ロシア沿海地方ハサン地区）。イブリエフ（2007）原図。

その結果、土城が営まれたのは一一世紀以降であり、土塁が版築《はんちく》という大陸起源の技術でつくられていること、一尺＝三一・六センチという中国の金代後半～元代の尺度を用いていることが明らかになりました（前川二〇〇七）。

先にのべたように、元の前の王朝である金（一二～一三世紀）も、元と同様アムール川下流域にヌルガン城という辺境支配の拠点を設けていました。その支配がサハリンの先住民までおよんでいたことは考えられます。白主土城が金の施設であった可能性も否定できません。

いずれにせよ、金代であれ元代であれ、アイヌのサハリン進出が北東アジア世界に影響をおよぼし、中国王朝の辺境支配を脅かす不安定要因となっていたのはまちがいありません。

このような土城は、サハリンでは白主以外にも北部西岸のアレクサンドロフスク・サハリンスキーなどで確認されていましたが、現存せず、その築造年代を明らかにすることはできません。しかしサハリン以外にも、大陸沿海州には渤海《ぼっかい》（八〜一〇世紀に中国東北地方を中心に沿海州から朝鮮半島北部で栄えた国）から金代の、鉤状の出入口をもつ同様な土城が分布しています。

サハリンへ渡海したアイヌが白主土城を目にしたのは確実です。そうであれば、このような大陸の土城の情報が北海道のアイヌ社会にもたらされ、チャシの成立に影響をおよぼした可能性についても考えておく必要があるかもしれません。

3　ミイラと儒教

†サハリンアイヌのミイラ

次に、サハリンアイヌのミイラ習俗をとりあげ、そこに日本と北東アジアさらには中国との関係を読みとってみたいとおもいます。

サハリンアイヌには亡くなった首長などをミイラにするきわめて特異な風習がありまし

た。かれらの葬制にかんする記録は次のようなものです。

明代の中国史料『開原新志《かいげんしんし》』には、サハリンアイヌは親が死ぬと内臓を摘出して乾燥させたものを背負い、飲食するときはこれをかならず祀り、三年経つとこれをすてるとあります。同じ中国史料『遼東志《りょうとうし》』（一四四三年）にも同内容の記載がみられます。

一六四三年にサハリンを訪れたオランダ東インド会社の記録には次のようにみえます。サハリン南部アニワ湾のアイヌの墓は地面の上に棺を置いたものである。棺は屋根があり、家の形をしていた。サハリン中部タライカ湾のアイヌの墓は、厚い板でつくられた家形の棺が四本の柱の上にのっていた。屋根の端には念入りに彫刻された棟木と、獅子か竜の頭の彫刻がとりつけてあり、その口からは一木づくりの木の鎖が垂れ下がっていた。棺のまわりにはたくさんのイナウ（幣）が立てられていた（『フリース船隊航海記録』）。

一八〇四年の近藤重蔵『辺要分界図考《へんようぶんかいずこう》』には次のようにあります。アイヌは遺体の内臓をぬき、洗い清めながら乾燥させる。もし腐ることがあれば、その作業にあたっていた者に賠償させる。遺体は三〇日ほど乾燥させるが、そのあいだに各地の親族が集まって棺をつくる。サハリン南部では三〇日ほどして墓地に葬る。サハリン中部のタライカ湾あたりでは三年のあいだ遺体を葬らない。棺の屋根には日本の神社の屋根にみられる「鰹木《かつおぎ》」と似たものがとりつけられている。

サハリンアイヌのミイラ習俗
上：ミイラをおさめる棺。『蝦夷島奇観』。下：ミイラづくり。女性が日々遺体を洗い清める。『北蝦夷図説』。いずれも函館市中央図書館提供。

一八〇九年の間宮林蔵『北夷分界余話』には次のようにみえます。アイヌの首長が死ぬと内臓をぬいて家の外の台の上に安置し、女が日々これを拭き清め腐らないようにする。このミイラにすることを「ウフイ」という。そのあいだに棺をつくるが、製作には一年かかる。一年経って遺体が腐っていなければ、女を賞めて服・酒・タバコなどを与える。もし腐敗していれば女を殺して先に葬り、その後ミイラを葬る。

一八五五年の『蝦夷《えぞ》島記《しまのき》』には次のようにみえます。病死したアイヌは布でぐるぐる巻きにする。櫃《ひつ》に入れ三年のあいだ家のなかに安置する。三年過ぎるとこれを土中に埋め、上に塚を築く。亡くなった者の妻は三年のあいだ喪に服し、子弟は三〇日または五〇日喪に服す。

一八六九年の英国軍艦による調査報告には次のようにみえます（『ジェー・オードリスコルの樺太に関する報告』）。アニワ湾のアイヌは、首長や長老が亡くなると遺体を屋外の台の上に置き、内臓をとりだす。妻はこれを洗って天日で乾かす。この作業は一年続き、そのあいだに立派な棺をつくる。遺体が腐ると妻は殺され、夫を葬る前に埋葬される。この儀式は「ウフイ」とよばれる。

ほかにもサハリンアイヌの葬法については、樹木から遺体を吊す樹上葬や（坪井一八八七）、亡くなった者を墓に埋めず、遺体を家に置き去りにするのがしばしばみられたことなど（ピウスツキ一九九九）興味深い報告があり、その棺についても、日本の神社の屋根にみられる「千木《ちぎ》」状の飾りへの注目や（清野一九二五）、首長とそれ以外の人びとで棺が異なっていたことの指摘など（西鶴一九九七）がみられます。

✝孤立した習俗

では、このようなミイラ習俗は周辺地域にもあったものなのでしょうか。

『蝦夷唐太島之記《えぞからふとじまのき》』（一七九一年）は、アムール川下流域からサハリン北部にいたサンタン人が「人油」をとって薬品にするため、サハリンアイヌを人身売買してミイラにしているとのべています。ただしこれは「風聞」であるとしており、実際サンタン人のミイラ習俗を記した史料はほかにありません。サハリンをふくむ北東アジアでミイラ習俗は知られていないのです。

日本では、即身仏のように自然にミイラ化した遺体はみられますが、人工的にミイラ化された例は確認されていません。

平泉の中尊寺金色堂には奥州藤原氏四代の遺体がおさめられています。これらはミイラ化しており、自然ミイラか人工的なミイラか注目されてきました。というのも、奥州藤原氏は古代東北北部にいたエミシの末裔とされており、このエミシをアイヌとする説もあったため、もし奥州藤原氏の遺体が人工的にミイラ化されたのであれば、それはサハリンアイヌのミイラ習俗との関係を示すもの、つまりエミシ＝アイヌ説を補強するものと考えられたからです。

ただし、奥州藤原氏の遺体を観察した形質人類学者の埴原和郎によれば、遺体はミイラ化しているものの、腹部は腐敗によるメタンガスでふくらんだ状態を示しており、内臓がぬかれたとは考えにくいことから、自然ミイラであろうとしています（埴原一九九六）。

周辺地域とはいえませんが、アラスカ半島とカムチャツカ半島のあいだに連なるアリューシャン列島の先住民アリュート（アレウト）にはミイラ習俗がみられます。内臓をぬかず、冷涼な洞窟に安置することによって遺体をミイラ化したもので、一四〜一八世紀におこなわれた習俗とされています。

アリュートのミイラ習俗は、史料上確認できるサハリンアイヌのミイラ習俗と同じ年代であり、アリュートがミイラの対象としていたのも、サハリンアイヌと同様、首長など一部の人びとにかぎられていました。しかしミイラ習俗以外、両者のあいだに共通した文化が認められないことから、影響関係はないとされています（スチュアート一九九三）。

†それは縄文起源

私は、孤立した習俗であるサハリンアイヌのミイラが、北海道で縄文時代からおこなわれていた長期間遺体を埋葬しないモガリ習俗、あるいはミイラづくりの伝統そのものに起源したと考えています。

縄文時代におけるモガリの習俗がはじめて考古学的に明らかになったのは、釧路市幣舞《ぬさまい》遺跡（縄文時代晩期〜続縄文時代初頭）です。墓のなかから出土した人骨の分析から、次のような葬儀が復元されました。

まず墓穴を掘り、そのなかに四本の柱を立てます。そして、墓穴のなかに遺体を座位の姿勢で安置し、墓の上に屋根をかけます。遺体が腐敗し、頭部が床にころがり落ちるほど

ミイラの包みにとりつけた土面
千歳市ママチ遺跡出土。縄文時代晩期。北海道埋蔵文化財センター提供。

の時間が経過してから埋め戻しをおこないます。ただし墓穴のなかに柱を立てず、遺体の安置後すぐに埋め戻しをおこなったとみられる墓もあります。モガリの墓は墓全体の六〇パーセントほどとされます（石川一九九四・一九九九）。

　このような柱を立てた墓は、北海道では縄文時代後期から続縄文時代まで確認されており、本州でも千葉県市川市権現原貝塚（縄文時代後期）などでみつかっています（渡辺一九九一）。モガリは縄文時代の社会で広くおこなわれていたようです。

　恵庭市カリンバ遺跡（縄文時代後期）では、七体の遺体が合葬された墓がみつかっています。この遺体は、死亡順に追葬されたもので、そのあいだ埋め戻しはおこなわれていなかったと考えられています（青野二〇一二）。この墓では柱の跡はみつかっていませんが、雨露をしのぐ屋根や壁は設けられていたのではないでしょうか。柱がみつからない墓でもモガリがおこなわれていた可能性は考えておかなければなりません。

　千歳市ママチ遺跡（縄文時代晩期）の墓から出土した土面は、ミイラ習俗を物語るものです。この土面は、上唇の二カ所と下唇の一カ所に孔があけられています。これは死後、顎が下がって口が開いてしまうのを防ぐため、針やヒモをとおしてミイラの口が開かないよう固定した孔を写したものとされます。土面はミイラの包みの頭部にとりつけられ、墓に埋める際、とりはずしたと考えられています（西脇二〇一一）。

ちなみに南アメリカ先史時代のミイラには、口が開かないようサボテンの針で固定した例があります。また唇の固定を表現したとみられる縄文時代の土面は、ほかにも東北北部の晩期の例にいくつか認められます（西脇同前）。

†中世までみられたモガリ

第3章「商品化する世界」でのべたように、擦文時代の墓はみつかっていませんが、もし住居に遺体を安置していたとすれば、それもやはりモガリということができそうです。

ニブタニ文化では、擦文時代から一転して多くの墓がみつかっています。墓は伸展葬の土葬墓で、遺体は棺におさめられ、漆器や刀が副葬されます。これは本州の中世の墓とよく似ており、その影響を受けたものかもしれません（山口二〇一五）。ただし、このような土葬墓とともに次のようなモガリの墓もみつかっています。

伊達市有珠オヤコツ遺跡（一三世紀）と余市町大川遺跡（一四世紀）では、地面の上や大きな墓穴の底に石を敷きつめ、あるいは四角に石を配し、そのまわりを木枠で囲って屋根をかけます。そこへ次々遺体を安置し、しばらく経ってから火葬するのです（関根二〇一二）。本州の古墳時代でも床に石を敷きつめた喪屋がみられます（泉森一九八三）。敷石は喪屋のひとつの特徴ということができるのかもしれません。

このようなモガリの習俗は、北海道では近世に入ると確認できなくなってしまいます。ただし、一六四三年に北千島のウルップ島でオランダ東インド会社の船員がみた墓は、モガリの可能性を示すものです。ある小さな家のなかに、人間の骸骨と頭蓋骨があった。その小さい家は木の枝でつくられ、背の高い草で葺かれていた。家のかたわらには一本の杭が立っており、刀が吊り下げられていたといいます。

道東の斜里町オンネベツ川西側台地遺跡では、一八世紀の墓が二つみつかっています。一つの墓は、二体分の頭骨や大腿骨などがまとめて置かれていました。遺体は改葬された形跡をみせていましたが、一体の左上半身はもともとの位置を保っていました。さらに頭骨のひとつは焼かれていました。もうひとつの墓には全身の骨格が残っていましたが、仰向けの状態であるにもかかわらず、腰から臀部はうつぶせの状態になっていました。これらも長期のモガリをおこなって腐敗した遺体を改葬した可能性があります。

近世になってもサハリンだけでなく本島の周縁地域には、モガリの習俗が残存していたのかもしれません。

†なぜウフイ（燃える）とよぶのか

サハリンアイヌのミイラ習俗は、このような縄文伝統のモガリやミイラの習俗が、一〇世紀末以降サハリンへ進出していった人びとのなかで伝えられたものだった、と私は考えています。これとかかわって興味深いのは、サハリンアイヌがミイラの儀式を「ウフイ」とよんでいたことです。

ウフイは北海道のアイヌ語で「燃える」の意味です。しかしサハリンアイヌがミイラに火を放ったという記録はありません。では、なぜ「燃える」とよんでいたのでしょうか。研究者はこの問題に頭を悩ませてきました。

遺体を火で乾燥してミイラにしたからそうよぶのだ、という説もあります（海保一九九三）。しかし乾燥に火を用いた記録はありません。アイヌ語サハリン方言で「燃える」という意味の言葉は「hukuy」であり、ウフイという言葉はみあたらないので、そもそもウフイが「燃える」という意味かどうかわからない、という指摘もあります（女鹿一九九六）。とはいえ、サハリン方言がくわしく調査されているわけでなく、ウフイの言葉がなかったと断定できるのか疑問です。

先にみたように、中世の有珠オヤコツ遺跡と大川遺跡ではモガリの遺体を火葬していました。近世のオンネベツ川西側台地遺跡の遺体も火を受けていました。この中近世の火葬についていては仏教の影響の可能性を排除できませんが、縄文時代のモガリとみられる墓でも火を放った例がいくつかみられます。

たとえば千歳市美々4遺跡（縄文時代晩期）では、墓穴のなかで樹皮製の棺に入れられた遺体がみつかりました。この墓は埋め戻す前に棺に火を放っています。棺は上面だけが焼けており、遺体の歯が半焼成していました。

棺は、樹脂を多くふくみ、たいまつに用いられるほど燃えやすいシラカバ樹皮でつくられています。その棺の上面だけが焼け、側面や下面には火がまわらない程度の火勢だったにもかかわらず、歯が不完全ながらも焼成する状況は、遺体がみずみずしい肉質をとどめている状態では考えにくいのではないでしょうか。

遺体は強く乾燥していたか白骨に近い状態、つまり長期のあいだモガリがおこなわれたものだったとおもわれます。このような火葬ともいえない、ただ遺体の包みや棺に火を放つことに意味があったとみられる葬法は、縄文時代後期から晩期の墓に認められます。

サハリンアイヌがミイラの儀式をウフイ（燃える）とよんだのは、北海道で縄文時代から中世にかけておこなわれていた、モガリやミイラの遺体の包みや棺に火を放つ儀式が、ウフイとよばれていたことによるのかもしれません。

サハリンアイヌは、一年もかけて念入りに彫刻を施した豪華な家形の棺に遺体をおさめました。この棺が家形をしていたのは、縄文時代からモガリの墓に屋根がかけられていた事実、つまり墓が喪屋であったことに由来していそうですが、実は縄文伝統とばかりはいえません。というのも、この豪華な棺には日本の神社建築の影響がうかがえるのです。

サハリンアイヌの棺の図をみると、屋根から突きだした「角」のような装飾があることに気がつきます。これは日本の神社建築の「千木」とうりふたつです。

千木には風穴《かざあな》や風切り穴などとよばれる穴があけられていますが、サハリンアイヌの棺の「角」にも同様な装飾が施されています。サハリンアイヌの墓の調査をおこなった清野謙次も、この角を「千木」状の飾りとよんでいました。

さらに『辺要分界図考』は、サハリンアイヌの棺の屋根には日本の神社建築の「鰹木」のようなものが載せられているとのべています。原文では「棺の上に此方の神祠のかつを木の如きものを製して上げ置なり」とあります。

鰹木とは、神社や古代の宮殿の棟に置かれた飾りのことです。棟と直交して円筒形の材を等間隔にならべたもので、みなさんも神社で目にしたことがあるにちがいありません。

神社建築（上）とサハリンアイヌの棺（下）

古墳時代の家形埴輪にも鰹木を表現したものがあり、当時すでに特別な建物の棟飾りとして用いられていたものです。

では、サハリンアイヌの棺は日本の神社建築を模したものなのでしょうか。

資料を調べていくと、本州の墓地でもサハリンアイヌの棺とよく似た寺院や神社を模した家形がみられることに気がつきました。それは棺ではなく、古代の喪屋のなごりとされるものです。

古代の日本でもモガリは広くおこなわれていましたが、このモガリの遺体は喪屋あるいは柵などで区画したなかに、地面に直接あるいは棺におさめて一定期間安置しました。現

墓の上に置かれた家形（霊屋）
1は寺院建築を模した家形、2は千木と鰹木をもつ神社建築を模した家形。1、2は上別府茂氏撮影・提供。3は瀬戸内海歴史民俗資料館提供。

代ではこのようなモガリはおこなわれていませんが、遺体をおさめた墓のうえに小型の家形を置き、四十九日や一周忌まで、あるいは三年から五年のあいだそのままにしておく習俗が今も各地でみられます。香川県三豊市《みとよし》志々島は、墓地に家形が密集する景観で有名です。

この小型の家形は、喪屋の残存形態、つまり一種の模型であり、それを墓の上に置く期間は、かつておこなわれていたモガリの期間を反映しているといいます（五来二〇〇九）。サハリンアイヌの棺は、このような本州の家形の習俗と関係するものだったのかもしれません。

しかし、もしサハリンアイヌの棺に日本の影響がおよんでいたとすれば、北海道アイヌのなかにそのような家形の棺がみられないのはなぜでしょうか。

近世の北海道アイヌは、死者をケガレたものとみなし、強く恐れていました。遺体を埋めたあとは二度と墓地に詣でることもありませんでした。そのかれらにとって、サハリンアイヌのように遺体をミイラ化し、屋内に安置することは、忌避すべき行為であったにちがいありません。ただし、北海道でも一四世紀頃まではモガリの存在が確認できるのですから、おそらく中世のあいだに北海道アイヌのなかで死者にたいする意識の変化があったといえそうです（瀬川二〇一五）。

北海道のアイヌのなかにも、日本から伝来した家形の棺や喪屋の模型を用いる習俗はあったものの、中世には失われ、サハリンへ渡海した人びとのなかにだけ残ったのかもしれません。

†浮かび上がる文化の環

ところが、サハリンアイヌの棺は日本との関係だけで理解できるものではありませんでした。北東アジアの民族誌を調べていると、そこにはサハリンアイヌの棺と同じものがあったのです。

一八五三年にアムール川流域を調査したR・K・マークは、先住民ゴリドの墓地にあった家形の記録を残しています。それは棺のそばに置かれた死者の霊を祀る小さな祠堂《しどう》です（北方産業研究所一九四四）。

ゴリドとは、現在アムール川中流からウスリー川一帯にかけて住んでいるナーナイという民族です。マークが記録した小さな家形は、念入りに文様が彫刻された千木のような角があり、サハリンアイヌの棺とたいへんよく似ています。

さらに調べてみると、このような家形はナーナイにだけみられたものではありませんでした。ニヴフもこれと同じような家形を墓地に安置していたのです（鳥居一九二四）。

ニヴフは、サハリン西海岸では土葬、それ以外の地域では火葬をおこなっていました（服部一九四四）。そして、火葬をおこなった骨と灰は土中に埋め、その地面の上に家形を置いていました。家形のなかには神像を入れて祀っていました。

これは墓の上に家形を置く日本の習俗とよく似ています。間宮林蔵によれば、ニヴフはこの家形を三、四年経つとすてててしまったといいますが、日本の家形も四十九日や一年、あるいは三年から五年経つと処分するのですから、その点も共通しています。

では、サハリンアイヌの棺は、ニヴフやナーナイなどアムール川流域やサハリン北部の家形の影響を受けたものだったのでしょうか。

サハリンアイヌの棺にみられた千木状の角は、その形や風穴を表現する点など、日本の神社の千木そのものです。鰹木と同じものが屋根に載せられていたという江戸時代の記録もあるのです。一方、ニヴフやナーナイの家形の角は、千木とはかなり異なるもので、サハリンアイヌの棺の千木をアレンジしたものにみえます。

これら北東アジア、サハリンアイヌ、日本の棺や家形が、たがいに影響関係をもつもの

ナーナイの家形(上)とニヴフの家形(中・下)
上：Ravenstein (1861)。中：加藤 (1986)。
下：市立函館博物館提供。

だったとすれば、モノの変化を跡づける考古学の型式学という方法からみて、その影響の方向は明らかです。つまりニヴフやナーナイの家形がサハリンアイヌに伝播し、棺が成立したのではなく、反対に日本の家形がサハリンアイヌの棺に影響をおよぼし、それがニヴフやナーナイに伝わったと考えられるのです。

この日本の神社建築に類似する家形を共有していたサハリンアイヌ、ニヴフ、アムール川流域の人びとは、世界的に類例のない飼育型クマ祭りを共有する人びとでもありました。家形の起源は、かれらのクマ祭りの起源とも深くかかわっていそうです。

いずれにせよ、棺や家形という死者や祖霊の施設をめぐって、日本、北海道、サハリン、アムール川流域の人びとのあいだに、知られざる文化の環が浮上してきたのです。

†厳格なアイヌの喪

日本や北東アジアの人びとをつなぐ死者や祖霊をめぐる文化は、これ以外にもあったと私は考えています。それは亡くなった父母や夫のため、三年のあいだ喪に服するという服喪の制度です。

サハリンアイヌは、ミイラ化した遺体を三年のあいだ家のなかに安置しました。埋葬するまでの期間は、三年以外にも三〇日や一年とする史料もありますが、サハリンアイヌのミイラにかんするもっとも古い記録である『開原新志』に三年とあること、『辺要分界図考』ではサハリン南部の期間は三〇日ほどであるが、奥地のサハリン中部では三年におよぶとしていることから、本来、喪に服する期間は三年であり、古俗をとどめる奥地ではそれがよく保たれていたと考えられそうです。

この三年のあいだ喪に服する習俗は北海道アイヌのなかにもみられます。

父母が亡くなると三年のあいだ、外に出るとき太陽をみないよう木の皮でつくった笠を着用した（『東遊雑記』）。

夫を亡くした妻は髪を切らず、帽子をかぶって三年のあいだ喪に服した（『蝦夷地土産』）。

夫を亡くした妻はかぶりものをし、三年のあいだ顔を洗わなかった（『北海随筆』）。

父母の喪の場合、服を裏返しにして着用し、三年のあいだ髪を切らなかった。喪中は日光にあたることを恐れた（『松前志』）。

夫を亡くした妻は三年から五年のあいだ顔を布で覆い、人と交わらず、祭りをおこなった。父母が亡くなったときは三年のあいだ喪に服した。これは中国の礼がおよんだものであろう（『東遊記』）。

夫を亡くした妻は三年のあいだ室内でも頭巾をかぶり、服や脚絆を裏返しにして着用した。髪は坊主のように短く切り化粧をしなかった（『アイヌの足跡』）。

三年の喪は、モガリの有無にかかわらず、サハリンや北海道のアイヌ社会全体に根強いイデオロギーとして存在していたことがわかります。

†アジアを覆うイデオロギー

ところでモガリは、本州や朝鮮半島、大陸沿海州などでも古くからおこなわれていた習俗です。

たとえば『三国志』（三世紀）の倭の記事に、人が死ぬと一〇日あまり喪に服するとあり、古くからモガリがおこなわれていたことがわかります。そして、このモガリの期間を三年とする習俗も各地にみられるのです。『隋書《ずいしょ》』（六二九年）の倭国記事に、亡くなったのが貴人であれば家の外の喪屋で三年間モガリをし、庶民の場合は日の良し悪しを占って埋葬するとあります。

古代の歴代天皇が亡くなった際にも長期間のモガリがおこなわれていました。六四六年の薄葬令でモガリは禁止されましたが、遺体を喪屋におさめ、一定期間を経てから火葬する習俗は一一世紀ころまで続けられていました。平安時代の官人である紀夏井《きのなつい》の場合、亡くなった母のために草堂を建て、これに火葬骨をおさめて三年のあいだ供養しました（笠井二〇〇二）。

南西諸島の奄美では洗骨葬という葬儀が近年までおこなわれていました。人が亡くなると遺体を棺におさめて「モヤ」（喪屋）に安置し、「タマヤ」（魂屋）という神社風の立派な家形を棺の上に置く。一年あるいは三年して死体が白骨化すると、この骨を容器に移しモヤの片隅に置くというものです（金久一九六三）。タマヤとよばれる神社風の家形は、写真をみるとサハリンアイヌの棺や、ニヴフやナーナイの家形そのものにみえます。

朝鮮半島では『隋書』の高麗の記事に、死者が出ると屋内でモガリをする。三年経ったら吉日を選んで葬る。父母および夫が死んだら三年のあいだ喪に服する。兄弟の喪は三カ月であるとあります。『周書《しゅうしょ》』（六三六年）の百済の記事には、父母や夫が死んだ場合は三年のあいだ喪に服し、それ以外の親族の場合は葬儀が終わると喪明けとなるとあります。

朝鮮半島ではさらに、古くからの伝統である洗骨葬が仏教による火葬と並行しておこなわれており、李朝末期まで朝鮮全土でみられました。これは遺体をワラで包んで野原に置き、三年経つとこのワラをといて洗骨し、棺に入れて墓地に埋葬するというものです。これを「草墳《そうふん》三年」「三年不葬」「三年喪」といいました（古田一九九二）。

洗骨葬は、縄文時代の日本列島や、弥生時代の東日本でもおこなわれており、中国や東南アジアでも広くみられる習俗です。とくに中国では先史時代から近代までおこなわれていました。明・清代の中国全土の洗骨葬を集成した資料をみると、洗骨までのモガリの期間を三年とする例は上海市、江蘇省、江西省、河南省、広東省、広西チワン族自治区、河北省など各地でみられます（蔡一九九七）。

先にのべたように、ニヴフも火葬骨を埋めた墓の上に家形を三、四年安置して服喪していました。

喜界島の地葬墓
３年間埋葬した後、改葬して墓に納骨する。埋め墓の上に家形が並ぶ。撮影：田島操。喜界町図書館提供。

三年の喪は、モガリとむすびついて東アジアや北東アジアで広くおこなわれていた習俗だったのです。

†儒教とアイヌ

そもそもこの三年の喪とは、儒教の祖である孔子（紀元前五五一～前四七九年）の教えです。中国では、亡くなった父母のため三年の喪に服することは、上は天子から下は庶民にいたるまで、ひとしくおこなわれるべき礼となっていました。中国を中心にアジア世界にみられた三年の喪は、この儒教の影響を受けたものだったとおもわれます。

古代の日本では、先にのべたように『隋書』の倭国記事に、貴人が亡くなった場合、三年のあいだ喪に服するとあり、また平安時代の官人である紀夏井も三年のあいだ喪に服していました。三年の喪というイデオロギーは深く浸透していたようです。

アイヌ社会にみられる三年の喪は、この古代の日本を経由してもたらされたものだったのではないでしょうか。その後の日本では、儒教の三年の喪とむすびついた仏教の三回忌はあっても、アイヌのように厳格な三年の喪の習俗はみられません。アイヌの三年の喪は、南西諸島の洗骨葬とともに、日本列島の南北端に残存した葬送習俗の古層といえるかもしれません。

もちろん、ニヴフのように三年の喪を受容していた北東アジアの先住民を経て、北回りでアイヌ社会に伝わった可能性も排除できません。

そのことと関係して気になるのは、サハリンアイヌの棺の装飾です。オランダ東インド会社の記録によれば、棺の屋根の棟木には、その端に獅子か竜の頭の彫刻がとりつけてあり、その口からは一木づくりの木の鎖が垂れ下がっていたといいます。

近世の北海道アイヌは、基本的に人間や動物の像をつくることはなく、口から木の鎖を下げた「獅子か竜の頭」の彫刻など、みたことも聞いたこともありません。

日本に類例をもとめれば、神社仏閣の木鼻《きばな》（柱を横につらぬく貫《ぬき》の先端）に、まさに獅子や竜の頭の彫刻がみられます。サハリンアイヌの棺はその点でも、やはり社寺建築を模した本州の家形に由来する可能性が高いといえます。

ところが、たまたま満州国吉林省の民家の古写真をみていて、その門の装飾に目がとまりました。

棟の両端には動物とみられる彫刻があり、そこから鎖状のものが垂れ下がっています。これはサハリンアイヌの棺の装飾をイメージさせます。黒竜江省や吉林省などアムール川流域の先住民の寺院や民家には、日本の神社建築をおもわせるものが少なくなかったため、古くから日本人の注目を集めていました。

両者が似ているという以上に踏みこんだ議論はできませんが、アイヌと大陸の人びとの関係は私たちが知る以上に深く、また広い地域にまでおよんでいた可能性もありそうです。サハリンアイヌのミイラ習俗は、周辺地域には類例のない孤立した文化であり、その孤立性ゆえに注目を集めてきた文化でした。しかし、そこには南西諸島をふくむ日本と北東アジア、さらには朝鮮半島、中国にまで広がっていく環を読みとることができそうです。

独自とみえるアイヌの文化のなかにも世界史的な同時代性が横たわっていたのであり、そこにこそ、グローバル化する世界に踏みだしていった縄文人の末裔の姿を読みとることができるのです。

第5章

アイヌの縄文思想

1　なぜ中立地帯なのか

†物々交換の拒否

アイヌのあゆみを時代を追ってみてきました。縄文人の末裔であるアイヌは大きな変動の歴史をたどってきましたが、では結局のところ、そのなかでかれらが守りぬこうとした縄文思想、つまり私たちの原郷の思想とは、いったい何だったのでしょうか。

そこで注目したいのが、アイヌの歴史に変動をもたらしてきた交易です。

アイヌは和人や北東アジアの諸民族と交易をおこなっていました。しかしアイヌ同士で物々交換をおこなうことは基本的にありませんでした。アイヌ同士でのモノのやりとりは、すべて贈り物としておこなわれていたのです。

では、なぜアイヌは同族内での物々交換を拒否し、贈答によってモノの交換をおこなっていたのでしょうか。

M・モースは、贈り物（贈与）がおこなわれるにあたって、贈与をおこなうあらゆる社会に与える義務、受けとる義務、返礼する義務の三つの義務が存在することを示しました。なぜ贈り物にたいして返礼の義務が生じるのかといえば、贈り物には贈与した者の超自然的な力がふくまれており、そのため返礼がおこなわれないと、超自然的な力が受けとった者に厄災をもたらし、あるいは返礼を強いるからだ、とモースは考えました（『贈与論』）。

そして、贈与からはじまり返礼によって完結するこの行為が贈与交換とよばれますが、それは経済的な意味と社会的な意味が分かちがたく一体になったものなのです。

アイヌは、社会内部の結束を高めるため贈与交換をおこなっており、同族間で純粋な物々交換、つまり商品交換をおこなうことは基本的にありませんでした。商品交換という言葉に違和感をもつ方がいらっしゃるかもしれませんが、K・マルクスによれば、商品交換とは異なる共同体のあいだでおこなわれる物々交換からはじまるものとされます（『資本論』）。それは「外部」とのあいだでおこなわれる、純粋に経済的な充足を意味する行為です。

縄文イデオロギーを共有し、それゆえ「外部」をもたなかった縄文時代の日本列島の社会に、商品交換は存在していませんでした。しかし弥生文化が成立すると、「弥生イデオロギー」を共有する人びとと、その「外部」である北海道の人びととのあいだでは、商品交換がおこなわれることになった、ということができます。

では、アイヌはこの商品交換にどのように接していたのでしょうか。そのことを考えるために、交易が活発化したアイヌと和人の境界に注目し、そこにどのような変化が生じていたのか、みてみることにしたいとおもいます。

†古代の境界をみる

擦文時代の九世紀後葉になると、北海道の日本海沿岸には河口港としての流通集落が一斉にあらわれました。さらに一〇世紀中葉になると、渡島半島の日本海側には、擦文文化と本州の文化の中間的な様相をみせる、私が「青苗文化」とよぶ文化が成立します。これは一一世紀末まで松前町から、せたな町の地域で展開した文化です。

この青苗文化は、和人とアイヌの交易を考えるうえできわめて重要な意味をもっていました。それがどのようなものだったのか、みなさんにはなじみのうすい考古学的な話になりますが、少しのあいだおつきあいください。

擦文土器は、土器の表面を板でなでつけて丁寧に仕上げ（ハケメ）、その上を複雑な文様で飾ります。この文様は縄文土器の文様と同じく、たんなる飾りではなく意味や物語をもつものでした。それはアイデンティティの土器ということができます。

一方、当時の本州の和人の土器である土師器はいっさい文様を施しません。つまりそれは意味や物語を排除した土器です。土師器はロクロを用いてつくられており、板で表面を削りとって凹凸や厚さを調整しています（ケズリ）。擦文土器にくらべるときわめて粗雑で、機能に特化したつくりは、それが大量生産の製品であることを示しています。土師器は商品の土器ということができます。

つまり擦文土器と土師器は、まったく異なる「原理」のもとでつくられていた土器なのです。

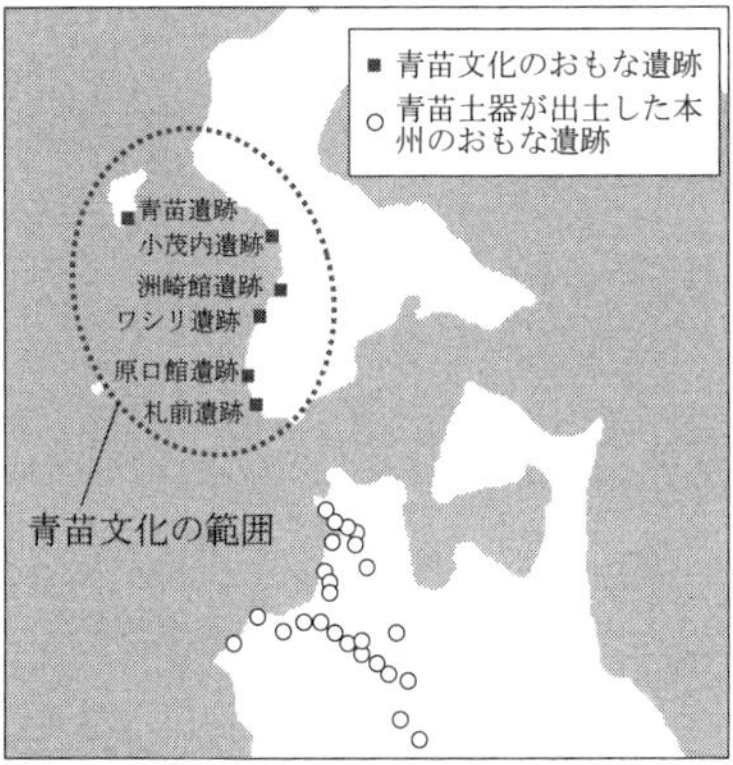

青苗文化の遺跡と東北北部

この視点から道南の青苗文化の土器をみると、文様は基本的になく、土師器的です。そもそも青苗土器は、一〇世紀中葉以前の青森県の土師器がもとになって成立したと考えられます。

一〇世紀代の青苗土器の表面はハケメ調整をおこなっていますが、一一世紀になると土師器と同様ケズリをおこなうようになります。さらに一一世紀代の青苗土器の埦《わん》は還元焼成気味で硬く、擦文土器とは焼成の方法自体がちがっています。野焼きの擦文土器にたいして、青苗土器は窯で焼いていたのかもしれません。これも土師器的です。

ところが一一世紀になると、青苗土器にも擦文土器的な文様が施されるようになります。ロクロを用いず、大量生産を志向しない点も擦文土器と共通しています。

ようするに青苗文化の土器は、新しい時期の土師器を源流にもち、擦文土器とはかなり異なったものとして成立したにもかかわらず、時代を経るにしたがって擦文土器との共通性を示すようになった中間的な土器であり、文様という精神性は擦文文化の人びとと共有していたものなのです。

北海道の日本海沿岸グループは、一〇世紀中葉になると埦の底に記号をきざむ習俗をみせるようになりました。この記号をもつ埦は、道南端の松前町から道北端の稚内市・利尻島の、海のみえる遺跡から出土しています。

私は、この刻印が日本海沿岸の人びとの共通の祖先をあらわすものであり、交易の中継によって強くむすびついた日本海沿岸グループが、そのむすびつきの証を共通の祖先にもとめたと考えています。同様な刻印は近世のアイヌのなかにもあり、それは長男から長男に伝えられる男系の血縁集団の印でした。

青苗文化の埦にもこの刻印がみられます。つまり青苗文化の人びとも、擦文文化の日本海沿岸グループと祖先を共有していたのです（瀬川二〇一四）。

†中間的な人びと

青苗文化の中間性は、ほかの文化要素にも一貫しています。

青苗文化の住居は、平地式あるいはごく浅い竪穴です。壁際に細い柱がめぐり、小さなカマドが床に据えられます。これは一〇世紀以降の東北北部の住居そのものです。深さが一メートルもあり、四本の太い柱をもち、カマドが壁につくりつけられる擦文文化の竪穴住居とはまったく異なっています。

ただし、青苗文化の住居は中央に炉を設けています。炉は東北北部の住居にはなく、擦文文化の住居と共通する要素です。近世アイヌにとっての炉は、たんなる採暖や調理の場ではなく、火の神が鎮座する住居の核でした。炉は精神性と深くむすびついていたのであり、青苗文化と擦文文化はその精神性を共有していたのです。

青苗文化の集落は環壕で囲まれていますが、これは当時の東北北部の集落にみられるものです。擦文文化の集落に環壕はありません。青苗文化の集落では木枠の井戸をもつものもありますが、これは東北北部にみられるものの、擦文文化では確認されていません。青苗文化の集落の景観は、東北北部と変わらないものだったでしょう。

生業についてみると、青苗文化では海獣狩猟用の骨角器が豊富に出土し、アシカとアワビの猟や漁が活発におこなわれていました。これは擦文文化的です。しかし青苗文化の集落では、鍛冶工人の常駐や小規模な鉄生産が認められます。これは擦文文化の遺跡ではみられず、東北北部的です。

つまり青苗文化は、あらゆる点において土師器文化と擦文文化の両方の特徴をみせながら、そのどちらとも異なる独自性を強く示しており、精神性は擦文文化の側と共有していたといえるのです（瀬川二〇〇五）。

青苗文化の独自性については、東北考古学の研究者である八木光則も、青苗文化は生活様式の独自性と継続性、さらに一定の領域をもつ点で、擦文文化とは異なる文化として認定できるとしています（八木二〇〇八）。また、青苗文化の源流が青森県の土師器にもとめられることについては、北海道考古学の研究者である小野裕子も支持できるとしています（小野二〇〇八）。

最近、この青苗文化の成立とかかわって、注目すべき研究成果が報告されました。

文字史料がかぎられる古代東北北部の歴史的な実態は、考古学研究が進んだ現在でもよくわかっていません。そこで青森・秋田・岩手三県の考古学研究者がチームを組み、「平安時代の国勢調査」と銘打って、東北北部で発掘調査された一万棟を越える建物跡のデータベースを構築したのです。その結果、時期や地域によって建物跡の数が大きく変動している事実が明らかになりました。

　東北北部における人口変動の大きな画期は二つありました。

　ひとつは九世紀末葉～一〇世紀初頭です。東北北部の北半で人口が激増し、南半では激減します。そこには南半から北半への移住が想定され、同時期に活発化した擦文文化との交易がかかわっていたのではないかとされます。

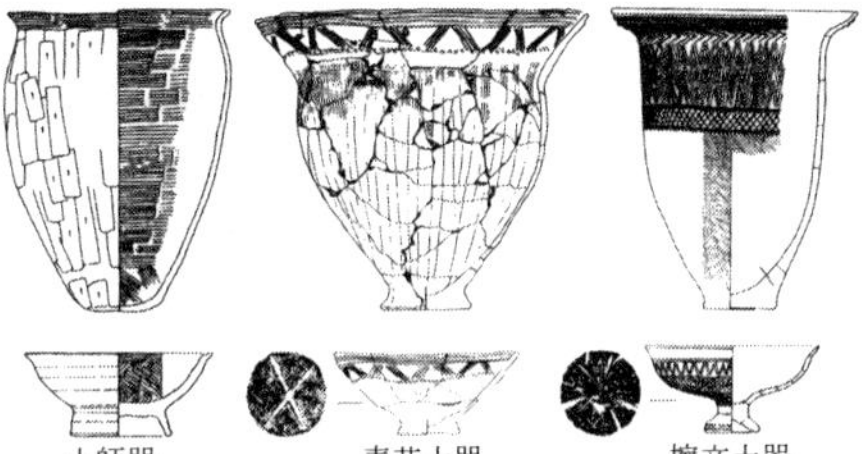

青苗文化の土器
同時期（11世紀前後）の周辺地域の土器との比較。

　もうひとつは一〇世紀中葉です。東北北部全体で人口が半減する「衝撃的」な変化がみられます。そこには、九三八～九三九年に噴火した朝鮮半島の白頭山火山と、それによってひきおこされた気候変動の影響や、北海道への移住も考慮されなければならないとされます（北東北古代集落遺跡研究会編二〇一四）。

　一〇世紀中葉に成立した青苗文化の土器は、青森県の土師器を源流にもつものです。したがって、青苗文化の成立には青森からの移住が想定されます。さらに青苗文化の成立期の遺跡は、白頭山火山灰が道南にも降下したあとで営まれるようになります。東北北部の人びとの北海道移住は、北海道の側からも支持できるのです。

青苗文化成立の契機が、東北北部の側から具体的に指摘されたことは、この文化の性格を考えるうえできわめて大きな意味をもつものなのです。

†中世アイヌと境界世界

では、中間的な性格をもつ青苗文化の人びとは、どのような外見や言葉をもつ人びとだったのでしょうか。そのことをうかがう手がかりがあります。

中世のアイヌ社会にかんする数少ない史料である『諏訪大明神絵詞《すわだいみょうじんえことば》』によれば、一四世紀の北海道には三種類の蝦夷（アイヌ）、つまり日ノ本、唐子《からこ》、渡党《わたりとう》がいました。

このうち唐子は、中国風の文化を帯びた人びとを意味する言葉であることから、大陸との中継交易にあたっていた北海道の日本海沿岸グループとみられます。また日ノ本は東方を意味することから、太平洋沿岸グループとみられます。

唐子と日ノ本は、和人と言葉がまったく通じず、鬼神のような姿をしていたとされます。つまり、かれらの実態は和人側にほとんど把握されておらず、直接的な接触はほとんどなかったことがわかります。

これにたいして渡党は、和人に姿（装束や髪型か）が似ており、言葉も大半が通じました。しかし髪やヒゲが多く、全身に毛が生えているなど、和人と異なる形質的特徴をみせていました。さらにイナウ（ケズリカケ）や骨角器の毒矢の使用など、近世アイヌと共通する文化をもっていました。

かれらは渡島半島南端の松前から青森の和人のもとへ頻繁に往来し、交易をおこなっていたとされます。渡党の情報だけがくわしいのは、和人とアイヌの交易を担っていたのがもっぱら渡党であったことを示しています。かれらは中継交易民としての性格をもつ人びとだったのです。

渡党の拠点は松前だったようですが、青苗文化の成立期の遺跡も松前周辺に分布し、その後分布を拡大していったのですから、やはり松前が拠点とみられます。渡党は青森へ往来していたとされますが、青苗文化の土器も青森県の日本海側の遺跡で多く出土していますさらにその土器は在地化しており、和人と婚姻がおこなわれていたことを示しています。

蝦夷（アイヌ）の一種でありながら和人との中間的な性格をみせていた渡党は、一〇世紀中葉に成立した青苗文化の人びとの、一四世紀における姿とみてまちがいありません。

†中立地帯と疑似親族

縄文時代には、津軽海峡の両岸の人びとは同じ地域文化圏に属しており、海峡が文化を隔てる障壁とはなっていませんでした。しかし、北海道と東北北部の交易が活発化する九世紀後葉以降、津軽海峡は文化の境界として固定化されます。

交易を通じて交流がさかんになるのですから、ふつうに考えればたがいの文化は混淆し、境界は流動化するはずです。しかし実際にはまったく正反対の状況がみられるのです。

文化の混淆という点では、青苗文化がまさにそれにあたりそうです。しかし、中間文化として明確なスタイルと固定化された境界をもち、擦文文化の側にアイデンティティをみせる青苗文化を、単純に境界の流動化と評価することはできません。

九世紀後葉以降、擦文文化の人びとは特定種の狩猟漁撈に特化していきました。一方、東北北部の和人は水田開発、鉄生産、窯業《ようぎょう》、製塩といった農業・工業生産に特化していきました。境界の固定化は、このような「民族間」の分業体制の確立と、それにともなう文化の差異の拡大によってもたらされたと考えられそうです。

つまりそこでは、擦文人と和人の文化の差異が拡大すればするほど、交易という両者の共存がますます強固なものになっていくという、逆説的な関係が存在していたことになるのです。ただし、大きく異なる文化のあいだに、このような共生関係が自動的に成立するわけではなかったようです。

たとえば、一七世紀の北米先住民アルゴンキンとフランス人の毛皮交易をみると、そこでは相互依存の同盟関係がむすばれ、贈与交換をもとにした「中立地帯」がつくりだされていました（ゴスデン二〇〇五）。

また中央アフリカのコンゴ共和国では、狩猟採集民ムブティと農耕民のあいだに贈与交換をもとにした「疑似親族」の共存体制が築かれ、この疑似親族である農耕民を通じて外部の商品経済との関係が保たれていました（市川一九九一）。

では、狩猟民のアルゴンキンやムブティは、なぜ直接的な商品交換を避け、「中立地帯」や「疑似親族」を通じて交易をおこなっていたのでしょうか。

贈与交換をおこなっていたアフリカのカラハリ砂漠の狩猟採集民コイサン人の場合、かれらの社会に商品として入ってきたものは、社会の規範からはずれたものであり、本来の社会の分配のルールにのせる必要がないものとみなされました。そのため商品は、コイサン人社会の平等の価値観を大きく揺るがすことになりました（田中二〇〇〇）。つまり、外部の社会から物々交換でもたらされた商品は、ひとたび内部に入りこむと、社会のルールにしばられないものとして存在することになったのです。

擦文文化の人びとにとっても、この平等原則をおびやかす商品交換は強く避けられており、そのため文化の境界に、和人との「中立地帯」や「疑似親族」がもとめられていたのではないでしょうか。そして、その役割を担っていたのが青苗文化だった、と考えられるのです。

擦文文化の人びとは、祖先を共有する青苗文化の人びとと贈与交換をおこない、その青苗文化の人びとは、婚姻関係をもつ東北北部の和人と贈与交換をおこなう。青苗文化を介するこの贈与交換の連鎖によって、擦文文化の人びとは直接的な商品交換を避けながら和人との交易を実現していたとみられます。

†贈与交換の変容

一五世紀になると、道南の渡党の領域には、武装した和人商人が入りこみました。かれらが占めた地域は、擦文時代の青苗文化の領域と重なります。つまりその目的は、アイヌと和人の「中立地帯」「疑似親族」をのっとることにあった、ということができそうです。

渡党の領域を侵食した和人は、みずから渡党を名乗りました。それは、アイヌ交易の要衝を独占する正統性・正当性を、本州の和人にたいして示すことであったにちがいありません。ただし、青苗文化の人びとと東北北部の和人のあいだには婚姻関係も推定されるのですから、そのような関係が一五世紀まで存続していたとすれば、道南に進出してきた和人のなかには、実際に渡党の側にアイデンティティをもつハイブリッドな人びとがいたのかもしれません。

一五世紀に北海道へ進出した和人の拠点のひとつ、上ノ国町勝山館のなかには、固有の文化を保ったアイヌが雑居していました。和人のコロニーに包摂されたこのアイヌは、青苗文化人―渡党のその後の姿とみてよさそうです。

和人商人による「中立地帯」「疑似親族」ののっとりによって、青苗文化―渡党を介した和人とアイヌの贈与交換のシステムは失われることになりました。アイヌは、和人とのあいだで直接的な商品交換をおこなうことを余儀なくされたのです。

ただし和人とアイヌの商品交換は、市場で売り買いをするようにおこなわれていたわけではありません。アイヌが道南の和人のもとへさまざまな交易品を土産として持参すると、和人が酒食でもてなし、コメ、木綿、漆器などを返礼として贈る、交歓儀礼をとおしておこなわれました。贈与交換の形式を踏襲したこの儀礼的な交易は、ウイマムとよばれていました。

とはいえ、これは本質的に商品交換にほかなりません。そして、商品として入りこんでくるようになったモノは、コイサン人の社会がそうであったように、アイヌ社会の平等原則を大きく揺るがしていくことになったにちがいありません。実際、この時期以降、首長居館としてのチャシの出現や、大量の宝をたくわえ奴隷的な人びとを従えた首長の登場など、アイヌ社会の階層化は拡大していったのです。

ところで、アイヌと北東アジア先住民のあいだでは、直接相手に接触することなく物々交換をおこなう、沈黙交易とよばれる奇妙な習俗がみられました。

これは、交換したいとおもう品物を海辺や山中などの「境界」に置き、しばらくその場を離れると交易相手がやってくる。交易相手がこれに見あう品物を置いて立ち去ると、ふたたびやってきて交換品を持ち去る、というものです。このような習俗は世界中で記録されています。

沈黙交易は、古代の続縄文人とオホーツク人、中世のサハリンアイヌとツングース系先住民、近世のサハリンアイヌとサンタン人のあいだでおこなわれていました。ほかにも近世の北千島アイヌと北海道アイヌのあいだでもみられましたが、これらは基本的に北東アジア先住民の側の習俗であり、おこなわれる理由もさまざまだったようです（瀬川二〇一三・二〇一五）。

ただし、これらの沈黙交易の背景に、異民族との直接的な物々交換＝商品交換にたいする忌避の意識があったのはまちがいありません。かれらのなかでは、私たちが考える以上に、平等原則を突き崩す商品交換という「ウイルス」が強く恐れられていたのです。

青苗文化―渡党という「中立地帯」「疑似親族」を失ったことは、アイヌの歴史においてきわめて深刻な意味をもつ出来事にほかなりませんでした。

2　なぜ聖域で獣を解体するのか

✝聖域でおこなわれた解体

アイヌは一五世紀になると、和人との商品交換を贈与交換に変換する「中立地帯」「疑似親族」を失うことになりました。では、かれらは和人との直接的な商品交換にいったいどのように対処していたのでしょうか。

交歓儀礼であったウイマムは、商品交換と贈与交換の一種の「すりあわせ」ということができますが、それ以外にこのような「すりあわせ」は存在していたのでしょうか。そのことをうかがい知る手がかりはチャシにある、と私は考えています。

丘の先端を壕で区画したアイヌのチャシは、もともとは祭祀施設を区画した聖域として一三世紀に成立したのではないか、とのべました。チャシはその後、首長の居館や砦として用いられることもありましたが、それらの機能も、本質的には聖域というチャシの性格を土台として展開したとみられます。

ほかにもチャシで注目されるのは、捕獲した獣をわざわざチャシのなかに運びこみ、そこで解体をおこなっていた奇妙な事実です。チャシには多様な性格がみられましたが、これもそのひとつなのです。

たとえば、道東の陸別町ユクエピラチャシ遺跡では大量のシカの骨がみつかっており、未発掘のものもふくめると一万頭分以上になるとされています。チャシやその周囲で多数の動物骨がみつかった遺跡はほかにも、道東の釧路市遠矢《とおや》第二チャシ、小清水《こしみず》町アオシマナイ遺跡、道南のせたな町瀬田内《せたない》チャシ、日高の平取町ユオイチャシ、同二風谷チャシなど、多数知られています（佐藤二〇〇七）。これらは一五世紀以降のものとみられます。

獣の解体は、日本では殺生を避ける仏教とかかわってケガレと認識されてきました。しかし狩猟民であったアイヌは、もちろんケガレとは考えていなかったはずです。だとしても、なぜ聖域であるチャシにわざわざ獲物を運びこみ、そこで解体をおこなわなければならなかったのでしょうか。

動物考古学者の西本豊弘は、チャシから動物の骨が出土すること自体、たいへん重要な問題であるとし、チャシのなかでみつかる骨の出土状況に儀礼的なとりあつかいがうかがわれる事実に注目しました（西本一九八五）。しかしその後、この謎が議論されたことはありません。

獣を解体するチャシ
陸別町ユクエピラチャシ遺跡。白くみえるのは、築造当時、土塁の上に敷かれていた火山灰。陸別町教育委員会提供。

一万頭を越えるシカが解体されたとみられるユクエピラチャシ遺跡は、深い壕をもち、砦とよぶにふさわしい外観をみせています。しかし、壕の外側に設けた土手をわざわざ白い火山灰で覆っており、築造当時は美しい「白いチャシ」だったと考えられています。これは聖域としてのチャシの性格をよく示すものです。

ユクエピラチャシで出土した大量のシカの骨は、自給用の食料とは考えにくい量です。皮や角を交易品として出荷するため捕獲・解体していたと考えてまちがいありません。つまり聖域であるチャシでおこなわれた獣の解体は、獣の「商品」化に深くかかわっていたことになるのです。

†無縁化の装置

現代の私たちにとって、野生獣は有害な駆除の対象でしかありません。しかしアイヌにとっての獣は、そのような外在する自然ではありませんでした。獣は、人格をもつ神の仮の姿としてアイヌの神話的世界を構成しており、その肉や皮は神からの贈与としてアイヌに与えられたものでした。ではそのような獣を、アイヌは商品として葛藤もなく和人にさしだすことができたのでしょうか。

そこで考えてみたいのは、アイヌが世界観を共有しない和人とのあいだで商品交換をおこなうにあたって、神からの贈与である獣を商品とするには、アイヌの神話的な世界との縁を断ち切り、ただのモノとする必要があったのではないか、ということなのです。

網野善彦は、モノが商品という無主物として不特定多数の人びとのなかに入っていくためには、モノと人との濃密な関係を断ち切る必要があると考えました。そして、俗界と縁をもたない神のいる市庭（市場）にモノをもちこむことによって、モノは神に属するものとして「無縁」化され、商品になることができたのだ、とのべました（網野一九七八）。

つまり、神の世界に属するこの市庭という場が、アイヌにおいてはチャシであり、かれらはそこへ獣をもちこむことによってこれを無縁化し、それによってはじめて獣を商品とすることができたのではないか、とおもわれるのです。

アイヌは、狩り捕った獲物の神をその国に送り返す「送り」とよばれる儀礼をおこなっていました。ただし、シカは商品として大量に捕獲されるためか解体処理は粗略で、送りの儀礼もおこなわれていなかったとされています（犬飼一九六八）。

大量の獣の解体処理をおこなっていたチャシが、獣という仮装から神を解き放ち、無縁化がおこなわれる場であったとすれば、チャシはそこへ獲物をもちこむこと自体によって送りが成立するような、儀礼の簡略化とむすびついた大量捕獲・大量生産に適合した聖域となっていたのかもしれません。シカの送り儀礼は省略されていたわけでなく、チャシで解体処理すること自体が送りになっていたとおもわれるのです。さきにのべたように、チャシから出土する獣骨には儀礼的なとりあつかいがみられるものもあります。

ただし、注意しなければならないのは、チャシと日本の市庭には決定的に異なる点があることです。チャシは市庭のような商品交換そのものがおこなわれる場ではありませんでした。

近世のアイヌは、和人との交易のため、道南の和人地の松前や、古くは東北北部へもおもむいていました。和人商人が全道各地を巡回し、チャシで交易や商品の回収をおこなっていた記録はありません。チャシが商品交換の場としての市庭だったとはいえないのです。

そうすると、チャシという聖域で解体された獣は、アイヌとの縁を断ち切られたものだとしても、そこで商品交換がおこなわれたわけでない以上、それはまだ商品にはなっておらず、商品になることを留保された「中間的」なものでしかなかったことになります。

さらにアイヌは、アイヌとの縁を絶ち切られたこのモノを和人地に持参し、和人に土産としてさしだし、ウイマムという贈与交換「的」な交歓儀礼をとおして交易をおこないました。つまりアイヌは、実態としては商品生産と商品交換をおこなっていたにもかかわらず、かれらの観念のなかには、商品化も商品交換もいっさい存在していなかった、正しくは存在しないことになっていたといえるのです。

もちろん和人との形式的な贈与交換は、商品交換を粉飾するかりそめのものにすぎません。和人にさしだした土産は商品にほかなりませんでした。交易の民であったアイヌはもちろんそのことを強く自覚していたはずです。

アイヌは商品交換を強く忌避しており、そうであるからこそモノはチャシにおいて無縁化され、商品であって商品ではない「中間的」なものとして、贈与交換を装った商品交換の場に持参されなければならなかったのではないでしょうか。

獣の解体をおこなうチャシは、和人との直接的な交易が活発化するなか、アイヌがみずからの贈与交換の思想を保ちながら商品交換をおこなうための「装置」であり、和人とアイヌの境界に存在した「中立地帯」や「疑似親族」という「中間的」なるものが、その喪失によってアイヌ社会の内部にとりこまれたものだったのではないか、とおもわれるのです。

†アイヌの縄文思想

「はじめに」でのべたように、イレズミと抜歯という縄文伝統をとどめていた本州の漂海民は、自分たちの捕った魚などが銭で買われることを好まず、陸上の知人に贈り物として与え、その返礼として祭事に招待をしてくれることをよしとし、そうした関係を「親戚」とよんでいました。

この「親戚」は、漂海民にとっての「疑似親族」「中立地帯」であり、かれらはこの「親戚」をとおして外部の商品経済との関係を保とうとしていた、といえそうです。

アイヌが守りとおそうとした縄文思想とは、人びとを「親戚」としてむすびつけるこのような連帯の原理であり、かれらが商品交換を忌避したのは、それが人びとを不平等化し、差別化していく対極の原理だったからにちがいありません。

私たちは、商品交換という禁断の木の実を口にした存在です。その原罪は、日本列島のなかに「外部」が成立した弥生時代以降、列島の人びとを取りこんできました。そしてそれは、本州社会で戦争を常態化させ、王を誕生させ、国家を成立させてきました。商品交換が産みだす社会の非対称化はさらに、程度の差こそあれアイヌや琉球の人びともとりこんでいくことになったのです。

私たちが縄文の思想を知る意味とは、非対称化していく歴史のなかで、原郷の思想である連帯と平等をかたくなに守りとおそうとしてきた人びとが今なお私たちの目のまえにいること、さらには漂海民のようについ最近まで私たち自身のなかにもいたことをとおして、その意義に今一度おもいをめぐらせてみることにある、といえるのではないでしょうか。

おわりに

†山頂をめざす人びと

私が勤務する博物館の収蔵庫のなかで、長く気になってきた資料があります。それは、北海道の屋根といわれる大雪山の小泉岳付近、標高二一〇〇メートル地点で採集された数十点の縄文時代の石器です。一九二四年から二六年にかけて採集されたその石器は、数千年のあいだ風雨にさらされてきたことを物語るように表面が白く風化しています。

採集されたのは、高山植物の花畑が広がる美しい場所です。しかし、天候が急変しやすい二〇〇〇メートル級の高山ですから、現代でもそれなりの装備がなければ登ることはできません。

縄文人はなぜそのような山頂に登ったのでしょうか。

調べてみると、山頂に石器が残された縄文時代の遺跡は、大雪山だけでなく本州の各地でも確認されていました。

山梨県甲斐駒ヶ岳（二九六六メートル）、栃木県男体山八合目（二二五〇メートル）、長野県八ヶ岳編笠山（二四〇〇メートル）、同蓼科山（二三五〇メートル）のほか、標高一〇〇〇メートル級の山であれば枚挙にいとまがありません（原田一九九八）。

ただし弥生時代から古墳時代には、このような高山の山頂遺跡は確認できません。高山にふたたび登頂の痕跡がみられるようになるのは奈良時代以降であり、その足跡を印したのは山岳信仰・山の神信仰をもつ修験者たちでした。

では、弥生時代になると山頂をめざす人びとはいなくなったのでしょうか。山岳とのかかわりが希薄な社会のなかで、修験者の山岳信仰が成立したとは考えられません。

弥生時代から古墳時代には集落に近い里山で祭祀の跡がみられますが（時枝二〇一一）、中部・北陸地方には、弥生時代前期から中期にかけて、山岳地帯と深いかかわりをもつ人びとのいたことが明らかになっています。石川県と岐阜県にまたがる標高二七〇二メートルの白山や、長野県と岐阜県にまたがる標高三〇六七メートルの御嶽山では、山麓に弥生時代の人びとの移動ルートが確認されているのです。その人びとは山中に暮らし、焼畑と狩猟をおもな生業としていたのではないかと考えられています（橋本一九九八）。

かれらは石器のような痕跡を残さなかったものの、白山や御嶽山の山頂まで足を伸ばすことがあったかもしれません。縄文人の直接の末裔と単純に評価することはできないかもしれませんが、弥生文化に移行してもなお、狩猟をひとつの生業として山中に暮らし、高山地帯を渡り歩く人びとがみられたのです。

私たちの知らない、別の世界

松浦武四郎は、江戸時代の北海道をくまなく調査した探検家です。その『近世蝦夷人物誌』には、山中を住み家としながら、広大な北海道を漂泊するアイヌの姿が記録されています。

上川盆地に住むイキツカは、幼少のころから山岳を駆けまわり、大雪山系を住み家としながら太平洋側の十勝、オホーツク海側の常呂、日本海側の天塩まで猟に歩き、一五、一六歳のころには山刀と発火具だけを手に、三年のあいだ山から帰らなかったといいます。

また同じ上川盆地のヲテコマは、山中にこもって冬から春のあいだはクマ、シカ、キツネ、テンを捕らえ、夏から秋にはサケ、マスを食糧とし、六年のあいだ里に帰らなかったといいます。

かれらが山中にこもった背景には、和人のサケ漁場で労働者として徴用されるのを嫌ったことや、漁場の監督の非人道的なとりあつかいにたいする抵抗もありました。三年や六年におよぶ放浪がアイヌ社会でふつうにみられたわけではありません。

しかし大雪山を住み家とし、獣をおって極寒の山中を生きぬいた、たくましい狩人の姿のなかに、甲斐駒ヶ岳や八ヶ岳の山頂に足跡を印した縄文人の姿、あるいはその後の山民の姿を重ねてみることができるのではないでしょうか。

秋田のマタギは、里をとおらず山だけを伝って大和地方まで往来することができました。そのことを聞きとった民俗学者の宮本常一《つねいち》は、日本列島には「私たちの知らぬところに、私たちとは別の世界が存在」してきたのではないかとのべています（宮本二〇〇一）。縄文時代に高山地帯を渉猟し、弥生時代以降も山と深く交わってきた人びとの血脈は、私たちの知らないところで現代までうけつがれてきたのです。

†修験者と山岳信仰

本州各地の高山山頂には、修験者も足跡を残しているといいました。かれらは山岳信仰・山の神信仰をもつ呪術的、シャーマン的な宗教者でした。その山岳信仰・山の神信仰は、六世紀の仏教渡来以前にさかのぼるものとされますが（五来二〇〇八）、実態はよくわかりません。

そこで興味深いのは次のような話です。

伊吹山（一三七七メートル）は滋賀県最高峰の山です。『古事記』『日本書紀』には、ヤマトタケルがこの伊吹山の神を征伐しようと登頂したところ、山の神の化身であった白い大きなイノシシ（または大蛇）があらわれ、その神威によってヤマトタケルは失神し、退散させられたという伝説が記されています。

七〇八年、その伊吹山に近江国司の藤原武智麻呂《ふじわらのむちまろ》が登山しようとしました。すると、土地の者はヤマトタケルの話を例にあげ、それを押しとどめようとします（『藤原武智麻呂伝』）。山の神の神威を恐れる、この地元民の考え方のなかに、仏教渡来以前の山岳信仰・山の神信仰がうかがわれるとされます（兼康一九九八）。

このような山岳信仰は、仏教渡来以前とはいっても弥生時代や古墳時代に成立したものではなく、山と濃密にかかわっていた縄文時代にさかのぼる可能性が強いといえるのではないでしょうか。縄文時代の石器は伊吹山の山頂でも発見されています。

修験者の山岳信仰・山の神信仰も、このような民間信仰、具体的には狩猟を生業とする山民の信仰にもとづくものとおもわれますが、このことを証するように、修験者と狩人との深い関係はしばしば指摘されるところです。

たとえば、修験道の霊所として有名な和歌山県の熊野では、その発祥について次のような伝説があります。狩人がイノシシを追っていくと、イノシシはイチイの木の根元でたおれた。狩人がそこで一晩宿ったところ、三枚の月の形をしたものを発見した。この月形にたずねると「われは熊野三所権現なり」といった。

宗教民俗学者の五来重《ごらいしげる》は、熊野修験道の発祥を考えるうえで、狩人がその開基にかかわっていたとするこの伝承は非常に重要であるとのべています（五来同前）。五来はまた、修験者が狩猟民であった縄文の信仰を伝える人びとであり、その呪術性やシャーマニズムも縄文信仰に由来するものだったと考えています。たいへん魅力的な説ですが、そこで興味深いのは、アイヌの神観念や祭祀にもシャーマニズムが色濃く反映しているという事実です（知里一九七三）。

✝水脈としての縄文

アイヌは、山頂で縄文時代の石器が発見された大雪山をカムイ・ミンタル（神・庭）とよんでいました。そこには夜な夜な神が天降り、池のほとりで舞い歌ったといいます。アイヌが崇拝の対象とする山は北海道の各地にあり、大雪山もそのひとつでした。

アイヌのなかにはまた、チノミシリ（われら・祀る・山）とよんでいた里山の霊山があります。チノミシリは血縁集団ごとにこれを祀り、祀られたチノミシリの神はその血縁集団を守護しました。そこには祖霊崇拝が読みとれます（第4章「グローバル化する世界」）。

　このような山と祖霊の関係は、本州の山の神信仰でもみられます。山の神は春になると里におりてきて田の神となり、秋には山へ帰って山の神になるという去来信仰を特徴としていますが、この信仰の成立は人の死後、霊魂が山におもむくという山中他界観にもとづくものとされています。

上川アイヌのチノミシリ・嵐山
撮影：南尚貴。

　神道では神霊が鎮座する山や森を神奈備《かむなび》といいますが、その神奈備には山麓の集団の死者の霊がこもっており、その集団のいちばんはじめの先祖が山の神となっていました。奄美や沖縄でも、小高い丘や森などを聖域とした御嶽《うたき》とよばれる祭場があります。この御嶽は集落ごとに設けられ、チノミシリや神奈備と同様、神のいる場であるとともに、集団の祖先を祀る場となっていました。かつては風葬地であったともいわれます。

　修験道の霊所である熊野もまた「死の世界」「死者の世界」です。熊野信仰は死者供養と深くかかわっています。そこには、本書で縄文伝統の葬制とのべたモガリとむすびついた、風葬の習俗が遅くまで残っていました。カラスが熊野を象徴するものとなっていたのは、カラスがこの風葬の遺体をついばむものだったからだ、と五来はのべています。

アイヌの心性という井戸を掘り下げていくと、その先には私たちの原郷である縄文という水脈が広がっている気がしてなりません。そしてこの原郷の心性は、もはや消え去った過去というわけでなく、ひょっとすると私たちの目に映じる風景の意味や、他者とのなにげない交わりの仕方のなかに、人知れず影を落としているのではないでしょうか。

本書が、私たちにとって「ありえたかもしれない、もうひとつの歴史」であるアイヌのあゆみをとおして、原郷としての縄文をふりかえるきっかけになれば幸いです。

*

縄文伝統に注目することの重要性をあらためて気づかせてくださったのは、評論家・思想家の三浦雅士氏です。アイヌを鏡とすることで私たちの原郷をふりかえる本書は、先生への拙い応答でもあります。また、本書をまとめるにあたって多くのご教示をいただいた、石田肇（琉球大学）、斎藤成也（国立遺伝学研究所）、中村和之（函館工業高等専門学校）、西川修一（神奈川県立旭高校）、蓑島栄紀（北海道大学）の各氏、本書の草稿に目をとおしてご意見をいただいた表憲章氏、校正を引き受けてくれた妻の加代子にお礼を申しあげます。

最後に、「アイヌと縄文」という本書のテーマを示し、北海道まで打ちあわせにきてくださった筑摩書房ちくま新書編集部の松田健氏に感謝申しあげます。

引用文献

青野友哉　二〇一二「縄文後期における多数合葬墓の埋葬過程」『考古学研究』五九―三
浅川滋男　二〇〇三「東アジア漂海民と家船居住」『鳥取環境大学紀要』一
厚真町教育委員会　二〇一四『ヲチャラセナイ遺跡』
天野哲也　二〇〇三「オホーツク文化とはなにか」『新北海道古代2――続縄文・オホーツク文化』北海道新聞社
網野善彦　一九七八『無縁・公界・楽――日本中世の自由と平和』平凡社
安藤広道　二〇一四「『水田中心史観批判』の功罪」『国立歴史民俗博物館研究報告』一八五
石川朗　一九九四『釧路市幣舞遺跡調査報告書Ⅱ』釧路市埋蔵文化財調査センター
石川朗　一九九九『釧路市幣舞遺跡調査報告書Ⅳ』釧路市埋蔵文化財調査センター
石田肇　二〇〇三「日本人骨格の変遷」『骨の事典』朝倉書店
泉森皎　一九八三「古墳と周辺施設」『関西大学考古学研究室開設三〇周年記念考古学論叢』
市川光雄　一九九一「ザイール、イトゥリ地方における物々交換と現金取引」『文化を読む』人文書院
犬飼哲夫　一九六八「アイヌと山」『民族学研究』三三―四
イブリエフ、アレクサンダー　二〇〇七「沿海地方の中世の土城」『北東アジア交流史研究』塙書房
ヴォヴィン、アレキサンダー　二〇〇八『萬葉集と風土記に見られる不思議な言葉と上代日本列島に於けるアイヌ語の分布』国際日本文化研究センター
大塚和義　二〇〇三「北太平洋の先住民交易とその歴史的意義」『北太平洋の先住民交易と工芸』思文閣出版
大西秀之　二〇〇九『トビニタイ文化からのアイヌ文化史』同成社

小野裕子　二〇〇八「古代の土器からみた弊賂弁島」『交易と交流の深化と断絶過程からみた、津軽海峡を挟む古代北方世界の実体的研究』（代表：小口雅史）研究会報告要旨
折口信夫　一九九五「琉球の宗教」『折口信夫全集』二、中央公論社
海保嶺夫　一九九三「近世樺太史とアイヌ民族の葬制――いわゆる『ミイラ』問題を中心に」『日本・中国ミイラ信仰の研究』平凡社
笠井純一　二〇〇二「改葬序説――文献史料を通して見た奈良・平安時代の葬法の一斑」『金沢大学文化財学研究』三・四
勝田至　二〇〇六『日本中世の墓と葬制』吉川弘文館
加藤九祚　一九八六『北東アジア民族学史の研究』恒文社
加藤邦雄　一九九二「伝統文化と新来の文物」『新版古代の日本9　東北・北海道』角川書店
金久正　一九六三『奄美に生きる日本古代文化』刀江書院
兼康保明　一九九八「山岳信仰の底流」『季刊考古学』六三、雄山閣出版
亀田修一　二〇一二「渡来人の東国移住と多胡郡建郡の背景」『多胡碑が語る古代日本と渡来人』吉川弘文館
菊池俊彦　一九九〇「カムチャツカ半島出土の寛永通宝」『北からの日本史』二、三省堂
菊池俊彦　二〇〇九『オホーツクの古代史』平凡社新書
木島甚久　一九九二「日本漁業史論考」『日本民俗文化資料集成3――漂海民』三一書房
木田章義　二〇一五「日本語起源論の整理」『日本語の起源と古代日本語』臨川書店
北東北古代集落遺跡研究会編　二〇一四『九～一一世紀の土器編年構築と集落遺跡の特質からみた、北東北世界の実態的研究』
清野謙次　一九二五『日本原人の研究』岡書院
国立歴史民俗博物館　二〇〇〇『北の島の縄文人』
小杉康　二〇一一「縄文文化」『はじめて学ぶ考古学』有斐閣

ゴスデン、クリス　二〇〇五「考古学・コロニアリズム・物質文化」『考古学研究』二〇六
小林青樹　二〇〇九「海人の性格――アワビオコシと銛頭」『弥生時代の考古学』五、同成社
小林達雄　一九九六『縄文人の世界』朝日選書
五来重　二〇〇八『山の宗教』角川ソフィア文庫
五来重　二〇〇九『五来重著作集　葬と供養（上）』一一、法藏館
斎藤成也　二〇一五『日本列島人の歴史』岩波ジュニア新書
斎野裕彦　二〇〇四「東北地方における水田稲作の開始とその展開」『さあべい』二一
蔡文高　一九九七「明・清頃中国の洗骨改葬――『中国地方志民俗資料彙編』を中心に、その他の資料の分析から」
『成城文藝』一六〇
笹生衛　二〇一四「祭祀考古学の現状と課題」『考古学ジャーナル』六月号
佐藤孝雄　二〇〇七「ユクエピラチャシ跡の脊椎動物遺体」『史跡ユクエピラチャシ跡』陸別町教育委員会
設楽博己　二〇〇八a「イレズミの起源」『縄文時代の考古学』一〇、同成社
設楽博己　二〇〇八b「装身の儀礼的性格」『弥生時代の考古学』七、同成社
篠田謙一・安達登　二〇一〇「DNAが語る『日本人の旅』への複眼的視点」『科学』八〇―四
下野敏見　二〇一〇「奄美の聖屋アシャゲ考」『二〇一〇年度鹿児島民具学会例会研究発表要旨』
鈴木琢也　二〇一五「擦文～アイヌ文化期の物流」『厚真シンポジウム――遺跡が語るアイヌ文化の成立』資料集
鈴木尚　一九八三『骨から見た日本人のルーツ』岩波書店
スチュアート、ヘンリ　一九九三「アリュート民族のミイラ風習――樺太アイヌのミイラと比較して」『日本・中国
ミイラ信仰の研究』平凡社
瀬川拓郎　二〇〇五『アイヌ・エコシステムの考古学』北海道出版企画センター
瀬川拓郎　二〇〇七『アイヌの歴史――海と宝のノマド』講談社選書メチエ
瀬川拓郎　二〇〇八「サハリン・アイヌの成立」『中世の北東アジアとアイヌ――奴児干永寧寺碑文とアイヌの北方

世界』高志書院
瀬川拓郎　二〇一三『アイヌの沈黙交易――奇習をめぐる北東アジアと日本』新典社新書
瀬川拓郎　二〇一四「祖印か所有印か――擦文時代における底面刻印の意味と機能」『環太平洋・アイヌ文化研究』
一一
瀬川拓郎　二〇一五『アイヌ学入門』講談社現代新書
関根達人　二〇〇九「擦文期の銅鋺をめぐって――平泉文化と北方交易2」『平泉文化研究』九
関根達人　二〇一二「出土資料からみたアイヌ文化の特色」『新しいアイヌ史の構築――先史編・古代編・中世編』
北海道大学アイヌ・先住民研究センター
関根達人　二〇一四『中近世の蝦夷地と北方交易――アイヌ文化と内国化』吉川弘文館
高木晃・佐藤剛　二〇一五「岩手県軽米町大日向Ⅱ遺跡出土のオホーツク式土器に類似する土器片について」『岩手県文化振興事業団埋蔵文化財センター紀要』三四
高瀬克範　二〇一四「田んぼのある村、ない村」『企画展図録　弥生ってなに?』国立歴史民俗博物館
竹中正巳　二〇一二「古人骨からみた南九州の古墳時代人」『骨考古学と蝦夷・隼人』同成社
田中二郎　二〇〇〇「カラハリ砂漠の自然と人間」『地域の世界史4――生態の地域史』山川出版社
田沼眞弓　二〇〇四「北朝皇帝喪礼の変遷――北斉・北周を中心に」『宗教研究』三三九
田村俊之　二〇〇四「道央部のアイヌ文化」『新北海道の古代3――擦文・アイヌ文化』北海道新聞社
知里真志保　一九五六『地名アイヌ語小辞典』北海道出版企画センター
知里真志保　一九七三「ユーカラの人々とその生活」『知里真志保著作集』三、平凡社
辻尾栄市　二〇一四「韓国泗川勒島貝塚出土卜骨の紹介」『人文学論集』三二、大阪府立大学
坪井正五郎　一八八七「削り掛け考材料」『東京人類学会報告』一七
東京大学考古学研究室　一九七二『常呂』
東京大学文学部　一九六四『オホーツク海沿岸・知床半島の遺跡（下）』

時枝務　二〇一一『山岳考古学』ニューサイエンス社
百々幸雄　二〇〇七「縄文人とアイヌは人種の孤島か？」『生物の科学・遺伝』六一―二
鳥居龍蔵　一九二四『人類学及人種学上より見たる北東亜細亜、西伯利、北満、樺太』岡書院
中尾篤志　二〇〇五「鯨骨製アワビオコシの拡散とその背景」『西海考古』六
中川裕　一九九〇「『ことば』が語るアイヌ人と和人の交流史」『北からの日本史』二、三省堂
中川裕　二〇一〇『アイヌ語のむこうに広がる世界』編集グループＳＵＲＥ
中村和之　二〇〇七「白主土城をめぐる諸問題」『北東アジア交流史研究』塙書房
中村和之　二〇一四「中世・近世アイヌ論」『岩波講座日本歴史』二〇、岩波書店
中村勉　二〇一五「洞窟・砂丘・そして台地――三浦市雨崎洞窟とその周辺の遺跡を考える」『考古学研究会第三九回東京例会――東京湾岸における海蝕洞窟の諸相』資料集
新津健　二〇一一『猪の文化史――考古編』雄山閣
西川修一　二〇一五「洞窟遺跡にみる海洋民の様相」『海浜型前方後円墳の時代』同成社
西鶴定嘉　一九九七「樺太アイヌ」『日本民俗文化資料集成』二三、三一書房
西村三郎　二〇〇三『毛皮と人間の歴史』紀伊國屋書店
西本豊弘　一九八五「北海道の狩猟・漁撈活動の変遷」『国立歴史民俗博物館研究報告』六
西本豊弘編　二〇〇〇『国立歴史民俗博物館研究報告――浜中2遺跡発掘調査報告』八五
西脇対名夫　二〇一一「『土面』の唇の孔」『北海道考古学会だより』九九
新田栄治　一九七七「日本出土卜骨への視角」『古代文化』二九―一二
昇曙夢　一九二二「奄美大島の土俗と宗教に就て」『人類学雑誌』三七―四
橋本裕行　一九九八「弥生人と山」『季刊考古学』六三、雄山閣出版
服部健　一九四四「ギリヤーク」『東亜民族要誌資料』一、帝国学士院東亜諸民族調査室
埴原和郎　一九九六「再考・奥州藤原氏四代の遺体」『日本研究』一三、国際日本文化研究センター

羽原又吉　二〇〇二『漂海民』岩波新書
原田昌幸　一九九八「山と日本人」『季刊考古学』六三、雄山閣出版
春成秀爾　二〇〇二『縄文社会論究』塙書房
ピウスツキ、ブロニスワフ　一九九九「アイヌ言語・説話研究資料」『サハリン・アイヌの熊祭り』第一書房
福井淳一　二〇一〇「続縄文文化における骨角器の動態」『北海道考古学』四六
藤尾慎一郎編　二〇一四『企画展示図録　弥生ってなに?!』国立歴史民俗博物館
藤沢敦　二〇〇六「古代史の舞台―東北」『列島の古代史1　古代史の舞台』岩波書店
古田博司　一九九二「朝鮮王朝前期葬喪礼教化政策」『史学』六二―一・二
北方産業研究所　一九四四『東部シベリア民族誌』三
穂積裕昌　二〇一二『古墳時代の喪葬と祭祀』雄山閣
前川要　二〇〇七「白主土城の発掘調査」『北東アジア交流史研究』塙書房
増田隆一　二〇一三「遺伝的特徴から見たオホーツク人――大陸と北海道の間の交流」『北海道大学総合博物館研究報告』六
松下孝幸　一九九四『日本人と弥生人』祥伝社
松村博文　二〇〇三「渡来系弥生人の拡散と続縄文人時代」『国立歴史民俗博物館研究報告』一〇七
松本克己　二〇一五「私の日本語系統論――言語類型地理論から遺伝子系統地理論へ」『日本語の起源と古代日本語』臨川書店
松本建速　二〇〇六『蝦夷とは誰か』同成社
松本建速　二〇一五「考古学からみた古代の東北北部域の言語」『岩手史学研究』九六
水澤丈志　二〇一五「喪屋としての竪穴建物」『季刊考古学』一三一
南武志　二〇一五「是川中居遺跡出土漆製品に付着した朱の産地推定の試み」『企画展図録――漆と縄文人』八戸市埋蔵文化財センター是川縄文館

蓑島栄紀　二〇〇一『古代国家と北方社会』吉川弘文館
宮本常一　二〇〇一『山に生きる人びと』河出文庫
女鹿潤哉　一九九六「ウフイ考――樺太アイヌのMummificationについての一考察」『北海道考古学』三二
森浩一　一九八七「弥生・古墳時代の漁撈・製塩具副葬の意味」『日本の古代』八、中央公論社
八木光則　二〇〇八「『青苗文化』をめぐる二、三の疑問」『交易と交流の深化と断絶過程からみた、津軽海峡を挟む古代北方世界の実体的研究』（代表：小口雅史）研究会報告要旨
八木光則　二〇一〇『古代蝦夷社会の成立』同成社
八木光則　二〇一五「『入の沢遺跡』の頃の東北北部社会」『古代倭国北縁の軋轢と交流――栗原市入の沢遺跡で何が起きたか』東北学院大学アジア流域文化研究所
山浦清　一九九九「漁撈具からみた弥生文化と恵山文化」『物質文化』六六
山浦清　二〇〇四a「続縄文文化における弥生文化的様相」『北方世界からの視点』北海道出版企画センター
山浦清　二〇〇四b『北方狩猟・漁撈民の考古学』同成社
山口敏　一九八二「縄文人骨」『縄文文化の研究』一、雄山閣
山口博之　二〇一五「列島の墓制」『厚真シンポジウム――遺跡が語るアイヌ文化の成立』資料集
山崎京美　二〇一〇「イノシシ飼育」『縄文時代の考古学』四、同成社
山田悟郎　二〇〇〇「擦文文化の雑穀農耕」『北海道考古学』三六
横山英介　二〇〇九『考古学からみた北海道の焼畑――果たしてアイヌは焼畑を営んでいたか』北海道考古学研究所設立五周年記念事業会
米田穣　二〇一〇「同位体食性分析からみた縄文文化の適応戦略」『縄文時代の考古学』四、同成社
米田穣　二〇一二「縄文時代における環境と食生態の関係」『季刊考古学』一一八、雄山閣
渡辺新　一九九一『縄文時代集落の人口構造』六一書房
渡辺誠　一九九五『日韓交流の民族考古学』名古屋大学出版会

渡辺美彦　二〇〇八「網走の『応永』板碑のルーツを追う」『生産の考古学Ⅱ』同成社
Jinam T., Nishida N., Hirai M., Kawamura S., Oota H., Umetsu K., Kimura R., Ohashi J., Tajima A., Yamamoto T., Tanabe H., Mano S., Suto Y., Kaname T., Naritomi K., Yanagi K., Niikawa N., Omoto K., Tokunaga K., and Saitou N.(2012) Japanese Archipelago Human Population Genetics Consortium. The history of human populations in the Japanese Archipelago inferred from genome-wide SNP data with a special reference to the Ainu and the Ryukyuan populations. *Journal of Human Genetics*, 29.
Jinam T., Kanazawa-Kiriyama H., Inoue I., Tokunaga K., Omoto K., and Saitou N.(2015) Unique characteristics of the Ainu population in Northern Japan. *Journal of Human Genetics*, 1-7.
Mcgrady M.J. et al. (2000) Migration and Wintering of Juvenile and Immature Steller's Sea Eagles. First Symposium on Steller's and White-tailed Sea Eagles in East Asia. Wild Bird Society of Japan.
Ravenstein E.G. (1861) *The Russians on the Amur*. Trubner and co.
Watanabe S., Kondo S., Matsunaga E.(1975) Human Adaptability, Volume 2, *Anthropological and Genetic Studies on the Japanese*. Japanese Committee for the International Biological Program.

ちくま新書
1169

アイヌと縄文《じょうもん》
――もうひとつの日本《にほん》の歴史《れきし》

二〇一六年二月一〇日　第一刷発行
二〇二五年一月二五日　第一一刷発行

著者　瀬川拓郎（せがわ・たくろう）
発行者　増田健史
発行所　株式会社　筑摩書房
東京都台東区蔵前二-五-三　郵便番号一一一-八七五五
電話番号〇三-五六八七-二六〇一（代表）
装幀者　間村俊一
印刷・製本　三松堂印刷　株式会社

ISBN978-4-480-06873-6 C0221

ちくま新書

713 縄文の思考　小林達雄

土器や土偶のデザイン、環状列石などの記念物は、縄文人の豊かな精神世界を語って余りある。著者自身の半世紀近い実証研究にもとづく、縄文考古学の到達点。

791 日本の深層文化　森浩一

稲と並ぶ隠れた主要穀物の「粟」。田とは異なる豊かさを提供してくれる各地の「野」。大きな魚としてのクジラ。――史料と遺跡で日本文化の豊穣な世界を探る。

859 倭人伝を読みなおす　森浩一

開けた都市、文字の使用、大陸の情勢に機敏に反応する外交。――古代史の一級資料「倭人伝」を正確に読みとき、当時の活気あふれる倭の姿を浮き彫りにする。

1126 骨が語る日本人の歴史　片山一道

縄文人は南方起源ではなく、じつは「弥生人顔」も存在しなかった。骨考古学の最新成果に基づき、歴史学の通説を科学的に検証。日本人の真実の姿を明らかにする。

879 ヒトの進化　七〇〇万年史　河合信和

画期的な化石の発見が相次ぎ、人類史はいま大幅な書き換えを迫られている。つい一万数千年前まで生きていた謎の小型人類など、最新の発掘成果と学説を解説する。

1018 ヒトの心はどう進化したのか――狩猟採集生活が生んだもの　鈴木光太郎

ヒトはいかにしてヒトになったのか？　道具・言語の使用、文化・社会の形成のきっかけは狩猟採集時代にあった。人間の本質を知るための進化をめぐる冒険の書。

064 民俗学への招待　宮田登

なぜ私たちは正月に門松をたて雑煮を食べ、晴着を着るのだろうか。柳田国男、南方熊楠、折口信夫などの民俗学研究の成果を軸に、日本人の文化の深層と謎に迫る。